新时代智库出版的领跑者

智库 中社
国家智库报告 2023（7）
National Think Tank
经　济

中国生产率研究：
新时代十年生产率变化趋势分析

吴滨　刘建翠　朱承亮　高洪玮　等著

RESEARCH ON CHINA'S PRODUCTIVITY:
ANALYSIS OF TREND OVER THE DECADE OF THE NEW ERA

中国社会科学出版社

图书在版编目(CIP)数据

中国生产率研究：新时代十年生产率变化趋势分析／吴滨等著．—北京：中国社会科学出版社，2023.5（2024.11重印）

（国家智库报告）

ISBN 978－7－5227－2065－4

Ⅰ.①中…　Ⅱ.①吴…　Ⅲ.①劳动生产率—研究—中国　Ⅳ.①F249.22

中国国家版本馆CIP数据核字（2023）第101339号

出 版 人　赵剑英
项目统筹　王　茵　喻　苗
责任编辑　周　佳
责任校对　季　静
责任印制　李寡寡

出　　版　中国社会科学出版社
社　　址　北京鼓楼西大街甲158号
邮　　编　100720
网　　址　http://www.csspw.cn
发 行 部　010－84083685
门 市 部　010－84029450
经　　销　新华书店及其他书店

印刷装订　北京君升印刷有限公司
版　　次　2023年5月第1版
印　　次　2024年11月第2次印刷

开　　本　787×1092　1/16
印　　张　11.5
插　　页　2
字　　数　155千字
定　　价　65.00元

前　　言

党的十八大以来，面对百年变局和世纪疫情冲击带来的深刻复杂严峻的国内外形势，以习近平同志为核心的党中央统筹推进“五位一体”总体布局，协调推进“四个全面”战略布局，立足新发展阶段，贯彻新发展理念，构建新发展格局，着力推动高质量发展，中国经济社会发展取得了新的历史性成就，如期全面建成小康社会、实现了第一个百年奋斗目标，综合国力跻身世界前列，国际影响力显著提升，开启了全面建设社会主义现代化国家、向第二个百年奋斗目标进军的新征程。按年平均汇率折算，2021 年中国经济总量占世界经济的比重达 18.5%，比 2012 年提高 7.2 个百分点，稳居世界第二位。2013—2021 年，中国国内生产总值年均增长 6.6%，高于同期世界 2.6% 和发展中经济体 3.7% 的平均增长水平，对世界经济增长的平均贡献率超过 30%，居世界第一。

生产率又称生产效率，是衡量投入与产出关系的重要指标。经济学是研究稀缺资源配置的学科，生产率作为资源利用效果的重要评价标准，一直以来是经济学研究的重要领域。技术经济学是经济学在现实问题中的具体应用，生产率贯穿技术经济学始终。在技术经济学创立伊始，于光远先生发表的《用最小的劳动消耗，取得最大的使用价值》奠定了技术经济学发展的基础，在技术经济评价、可行性分析中生产率都是最为核心的指标，技术经济学将生产率拓展到经济活动的各个领域，与具体的生产过程相结合形成了独特的分析方法体系；随着技术经济学向技术进步、技术创新领域的扩展，生产率在技术发展水平评价中的作用也得到充分发挥。在一定意义上讲，技术经济学是以提高生产率为主要研究方向。

目前，我国已经开启全面建设社会主义现代化国家新征程，提高生产率具有重要现实意义。第一，提高生产率是高质量发展的基本要求。党的二十大报告指出，高质量发展是全面建设社会主义现代化国家的首要任务。高质量发展全面体现了新发展理念的要求，内涵十分丰富，效率变革是高质量发展的重要支撑。正如习近平总书记指出的，以推动高质量发展为主题，必须坚定不移贯彻新发展理念，以深化供给侧结构性改革为主线，坚持质量第一、效益优先，切实转变发展方式，推动质量变革、效率变革、动力变革，使发展成果更好惠及全体人民，不断实现人民对美好生活的向往。第二，效率的提升是创新的重要方向。随着我国发展阶段的变化，创新在经济社会发展中的作用愈发突出，“坚持创新在我国现代化建设全局中的核心地位”，是新时期我国经济社会发展的内在要求。效率与创新密不可分，从微观层面来看，创新的本质就是提高企业生产经营效率，使得企业在市场竞争中获得更加有利的地位；就产业和宏观层面而言，无论是新技术的推广应用，还是新兴产业的培育，根本目的在于增强产业和宏观经济运行效率，更好地促进经济社会的发展，全要素生产率的提出和发展对此做出了很好的诠释；除此之外，创新活动本身的效率提升也是创新理论研究和创新政策的主要着力点。第三，提升效率是促进生态环境保护与经济发展协同的关键。党的十八大以来，我国积极推进生态文明建设，生态环境保护取得了历史性、全局性、转折性变化。新的发展阶段对生态文明建设提出了更高的要求，党的二十大报告提出的“协同推进降碳、减污、扩绿、增长，推进生态优先、节约集约、绿色低碳”，是新阶段我国生态环境保护的重点任务。资源产出效率、污染排放强度是统筹考虑资源消耗、生态环境和经济发展的综合性指标，是绿色发展水平的主要评价标准，提高效率、降低强度是能源资源节约和生态环保政策措施的重要出发点。

数量经济与技术经济研究所在生产率研究方面具有丰富的积累，早在20世纪八九十年代就与国外著名学者开展合作，在生产率理论方法研究中做出开创性贡献，多次出版生产率发展相关报告，并对相关领域研究进行了长期跟踪。在前期研究的基础上，本书重点对党的十八大以来十年伟大变革过程中我国生产率变化进行系统分析，把握十年伟大变革中生产率变化趋势和规律，为进一步促进效率变革提供支撑。生产率概念内涵丰富，其中最为主要的是单要素生产率和全要素生产率。根据研究需要，本书主要是立足宏观层面，对资本产出效率、劳动生产率、能源利用效率、全要素生产率、纯要素生产率和创新效率进行了分析。其中，第一部分和第五部分由朱承亮完成，第二部分由高洪玮完成，第三部分和第七部分由刘建翠完成，第四部分和第六部分由吴滨、皇甫笑宇、陈馨雨完成，全书由吴滨进行统筹。在本书写作和出版过程中，陈平老师提出了宝贵建议并对内容进行了指导，数量经济与技术经济研究所科研处韩胜军处长和张杰副处长给予了大力支持，在此深表感谢。由于水平有限，加之受时间等因素制约，难免有不足之处，还请批评指正。

摘要： 生产率衡量的是投入产出的效率，是经济单元的单位产出。生产率概念内涵丰富，其中最主要的是单要素生产率和全要素生产率。单要素生产率反映每单位某种生产要素所能带来的产出，分析每单位产出的需求。全要素生产率是考虑全部生产要素投入所计算出的生产率，即产出量与全部生产要素投入量之比，是分析经济增长源泉的重要工具，尤其是政府制定长期可持续增长政策的重要依据。

党的十八大以来，我国经济进入高质量发展阶段，为促进经济增长方式转变，我国高度重视提高全要素生产率。2015年的政府工作报告首次提出“要增加研发投入，提高全要素生产率”。“十三五”规划将“全要素生产率明显提高”作为“十三五”时期经济社会发展的主要目标，强调要提高全要素生产率。党的十九大报告指出，“我国经济已由高速增长阶段转向高质量发展阶段，要推动经济发展质量变革、效率变革、动力变革，提高全要素生产率”。党的二十大报告指出，“加快建设现代化经济体系，着力提高全要素生产率，着力提升产业链供应链韧性和安全水平，着力推进城乡融合和区域协调发展，推动经济实现质的有效提升和量的合理增长”。提高全要素生产率已成为党和国家的共识。

提高生产率是高质量发展的基本要求。党的二十大报告指出，高质量发展是全面建设社会主义现代化国家的首要任务。首先，高质量发展全面体现了新发展理念的要求，内涵十分丰富，效率变革是高质量发展的重要支撑。其次，创新提高了效率。“创新是一个国家兴旺发达的不竭动力”“坚持创新在我国现代化建设全局中的核心地位”是新时代我国经济社会发展的内在要求，全要素生产率对此做出了很好的诠释。最后，提升效率是促进生态环境保护与经济发展协同的关键。新的发展阶段要综合考虑资源消耗、生态环境和经济发展，资源产出效率是绿色发展水平的主要评价标准之一。提高效率、降低强度是能源资源节约和生态环保政策措施的重要出发点。

本书重点对党的十八大以来十年伟大变革过程中我国的生产率变化进行系统分析，把握十年伟大变革中生产率变化的趋势和规律，为进一步促进效率变革提供支撑。根据研究需要，在介绍生产率概念内涵和研究方法的基础上，首先分析了我国资本产出效率、劳动生产率、能源利用效率及其增长率，研判存在的问题并提出建议；其次，对我国和世界主要国家的创新效率进行对比分析，分析当前的突出问题和国内外形势需求并提出建议；最后，测算了全要素生产率、纯要素生产率，并将全要素生产率与国际主要发达国家进行对比分析，提出了提高全要素生产率的政策建议。

关键词：单要素生产率；创新；纯要素生产率；全要素生产率；高质量

Abstract: Productivity measures the efficiency of input-output, which is the unit output of an economic unit. The concept of productivity is rich, among which single factor productivity and total factor productivity are the most important. Single factor productivity reflects the output brought by each unit of a certain factor of production, and analyzes the demand for each unit of output. And total factor productivity is the productivity calculated by considering the input of all production factors, that is, the ratio between the output and the input of all production factors. It is an important tool to analyze the source of economic growth, especially an important basis for the government to formulate long-term sustainable growth policies.

Since the 18th National Congress of the CPC, China's economy has entered a stage of high-quality development. In order to promote the transformation of economic growth mode, China attaches great importance to the improvement of total factor productivity. In 2015, the Government Work Report proposed for the first time that "we should increase investment in research and development and improve total factor productivity". Then, the outline of the national 13th Five-Year Plan has set "significantly improving the total factor productivity" as the main goal of economic and social development during the 13th Five-Year Plan period, and stressed the need to improve the total factor productivity. And the report to the 19th National Congress of the Communist Party of China pointed out that "China's economy has shifted from a stage of high-speed growth to a stage of high-quality development. We need to promote reform in the quality, efficiency and driving force of economic development, and raise total factor productivity". The report to the 20th National Congress of the Communist Party of China pointed out that "we will accelerate the building of a modernized economic system, raise total factor productivity, enhance the resilience and safety of industrial and supply chains, promote urban-rural integration and coordinated development among regions, and promote the effective improvement of the economy in quality and reasonable growth in quantity". Raising the total factor productivity has become the consensus of the Party and the country.

Improving productivity is a basic requirement for high-quality development. The report to the Party's 20th National Congress points out that high-quality development is the primary task of building a modern socialist country in an all-round way. In addition, high-quality development fully reflects the requirements of the new development concept and has rich connotations. Efficiency reform is an important support for high-quality development. Second, innovation improves efficiency. "Innovation is the inexhaustible driving force for a country's prosperity" and "upholding the core position of innovation in China's overall modernization drive" is an inherent requirement for China's economic and social development in the new era. This is well illustrated by total factor productivity. Third, improving efficiency is the key to promoting synergy between ecological and environmental protection and economic development. In the new stage of development, resource consumption, ecological environment and economic development should be comprehensively considered, and the efficiency of resource output is one of the main evaluation criteria for the level of green development. Improving efficiency and reducing intensity is an important starting point for energy and resource conservation and ecological and environmental protection policies and measures.

This book focuses on the systematic analysis of productivity changes in the decade of great reform since the 18th National Congress of the CPC, and grasps the trend and law of productivity changes in the decade of great reform, so as to provide support for further promoting efficiency reform. According to the research needs, on the basis of introducing the concept connotation and research methods of productivity, it first calculates the efficiency of capital output, labor productivity, energy utilization efficiency and its growth rate, and analyzes the existing problems and puts forward some suggestions. Then it makes a comparative analysis on the innovation efficiency of China and the world main countries, analyzes the current outstanding problems and the demands of domestic and foreign situation, and puts forward some suggestions. Finally, the total factor productivity and pure factor productivity are measured, and the total factor productivity is compared with the main developed countries, then the policy suggestions to improve the total factor productivity are put forward.

Key words: Single factor productivity; Innovation; Pure factor productivity; Total factor productivity; High-quality

目　　录

一　生产率的概念内涵与测算方法

（一）生产率内涵及分类

所谓生产率指的是给定一组生产要素投入（比如资本和劳动）能够获得的产出（比如生产总值），度量的是经济单元的生产效率。这里的经济单元可大可小，大到一个国家（地区），小至一个工厂车间。在投入和产出都只有一种的情形下，生产率的测算非常简单，在数学形式上可以表示为投入产出比。① 可见，从基础概念上来讲，生产率其实就是产出对于投入之比，度量的是单位投入的产出效率，类似于物理学或工程中的效率概念，但与之不同的是，生产率是一个经济概念。物理学和工程中的效率，度量的是消耗在物理过程的总能量中有效能量的比重，例如热效率、机械效率等，是属性相同的两个物理量之比。但是在生产率中，投入和产出可以是属性不同的两个经济变量。② 比如劳动生产率是产值与人口两个不同属性经济变量的比值。因此，物理学和工程中的效率是无量纲的纯百分数，而

① 李平：《提升全要素生产率的路径及影响因素——增长核算与前沿面分解视角的梳理分析》，《管理世界》2016 年第 9 期。

② 钟学义：《生产率分析的新概念》，《数量经济技术经济研究》1996 年第 12 期。

生产率是有量纲的经济指标，不同的生产率，有着不同的量纲。①

经济生产过程中涉及的生产要素包括很多种，比如劳动力、资本、能源、研发等。根据所考察的生产要素数量的多寡，可以将生产率划分为单要素生产率、多要素生产率和全要素生产率三大类型。所谓单要素生产率（Single Factor Productivity, SFP），即只考虑一种生产要素投入所计算出的生产率，是产出量与这种生产要素投入量之比。比如资本生产率、劳动生产率、研发生产率、能源生产率等都属于单要素生产率。其中，资本生产率是用固定资产投资额或资本存量作为总投入计算的生产率，劳动生产率是用劳动消耗量作为总投入计算的生产率，研发生产率是以投入研发经费量作为总投入计算的生产率，能源生产率是以投入能源量作为总投入计算的生产率。单要素生产率可以反映每单位某种生产要素所能带来的产出，从而分析每单位产出的资本需求、劳动力需求、研发需求以及能源需求等。

单要素生产率的优点在于容易测算和理解，缺点在于它虽然名义上是单要素生产率，但由于产出并不是仅仅由该生产要素生产出来的，而是各种生产要素共同作用的结果，也就是说，单要素生产率反映出来的实际上是生产要素组合的共同成果。②比如，劳动生产率作为测度生产率的重要指标，本质上正是将劳动作为唯一的投入要素，但是在现实中投入要素除劳动外，还包括有形资本等其他可观测要素资源，因此，使用劳动生产率衡量和比较生产率往往会出现很大偏差。③

---

① 李京文、钟学义：《中国生产率分析前沿》，社会科学文献出版社 2001 年版。

② 金剑：《生产率增长测算方法的系统研究》，博士学位论文，东北财经大学，2007 年。

③ 李平：《提升全要素生产率的路径及影响因素——增长核算与前沿面分解视角的梳理分析》，《管理世界》2016 年第 9 期。

与单要素生产率不同，多要素生产率（Multi-Factor Productivity，MFP）是考虑多种生产要素投入所计算出的生产率，即产出量与多种生产要素投入量之比。多要素生产率将对产出的测算与一组投入要素的测算联系起来，研究的是不能由一组投入要素的增长解释的产出增长。全要素生产率（Total Factor Productivity，TFP）是考虑全部生产要素投入所计算出的生产率，即产出量与全部生产要素投入量之比。全要素生产率与多要素生产率之间的差异主要体现在指标名称上，经济学家们希望可以借助全要素生产率测算所投入的“全部”生产要素的生产率，但由于研究过程难以穷尽生产过程所投入的“全部”生产要素，因此通过将产出与所投入的生产要素进行比较所得到的只能是若干生产要素的生产率，而非“全部”要素的生产率即全要素生产率。①

（二）全要素生产率的概念内涵

目前，全要素生产率是宏观经济学的重要概念，是分析经济增长源泉的重要工具，尤其是政府制定长期可持续增长政策的重要依据。诺贝尔经济学奖得主克鲁格曼（Paul R. Krugman）就曾以全要素生产率为出发点，挑起过一场关于“东亚经济奇迹”是否存在的大论战。克鲁格曼认为，东亚各国的高速增长主要是由投入拉动的，而不是来自全要素生产率的提升，因此这样的高速增长并不能持续。尽管学界对于克鲁格曼的观点有很大争议，但这场争论却以一种特别的形式让各国政府意识到了全要素生产率的重要性。

为促进经济增长方式转变，中国高度重视提高全要素生产

---

① 金剑：《生产率增长测算方法的系统研究》，博士学位论文，东北财经大学，2007 年。

率。2015 年全要素生产率第一次被写入政府工作报告，指出“要增加研发投入，提高全要素生产率”。此后，全要素生产率陆续出现在中国政府规划或报告当中。国家“十三五”规划纲要将“全要素生产率明显提高”作为“十三五”时期经济社会发展的主要目标，强调要提高全要素生产率。党的十九大报告指出，“我国经济已由高速增长阶段转向高质量发展阶段，要推动经济发展质量变革、效率变革、动力变革，提高全要素生产率”。党的二十大报告指出，“加快建设现代化经济体系，着力提高全要素生产率，着力提升产业链供应链韧性和安全水平，着力推进城乡融合和区域协调发展，推动经济实现质的有效提升和量的合理增长”。

经济合作与发展组织（OECD）在《生产率测算手册》中将全要素生产率定义为，测算所有投入要素对产出增长贡献的一种能力。实际上，全要素生产率本身的理论性并不是很强，其表达式最初源自初级经济学的收入循环模型。①

$$P_t Q_t = w_t L_t + r_t K_t \tag{1-1}$$

其中，K_t、L_t、Q_t 分别代表资本、劳动和产出，而 r_t、w_t 和 P_t 则是其对应的价格；式（1－1）左边表示产出价值，右边表示投入成本，整体表示均衡状态下经济体运转的基本预算约束。如果将式（1－1）以基期不变价格表示，为了等式平衡则需要引入一个新变量，也即：

$$P_0 Q_t = S_t(w_0 L_t + r_0 K_t) \tag{1-2}$$

其中，S_t 就是我们所要测算的全要素生产率，其经济含义就是“单位全要素投入的产出”，表示投入的产出效率。

实际上，在经济增长核算研究中，学者们更多关注的是全要素生产率的变化，也即全要素生产率指数或全要素生产率增

① 李平：《提升全要素生产率的路径及影响因素——增长核算与前沿面分解视角的梳理分析》，《管理世界》2016 年第 9 期。

长率。早在20世纪30年代末，学者们就提出了生产率指数的概念，此后不少经济学家以式（1-2）为基础，从实证角度进行了大量指数的构造和测度研究。以式（1-2）为基础，可以推导出全要素生产率指数的表达式：

$$\frac{S_t}{S_0} = \frac{Q_t}{Q_0} \Big/ \left(\frac{w_0 L_t + r_0 K_t}{w_0 L_0 + r_0 K_0} \right) \tag{1-3}$$

（三）全要素生产率的测算方法

经过多年的研究与发展，测算全要素生产率的定量方法日渐丰富，种类众多，但是目前最主流的还是索洛余值法和生产前沿法。

1. 索洛余值法

索洛（Robert Merton Solow）在新古典增长理论框架中，假设经济生产的投入和产出符合特定的生产函数，并且将产出增长中不能用要素投入增长解释的部分，与全要素生产率相联系，认为已知劳动和资本的产出弹性，产出、劳动、资本的增长率，经济中的全要素生产率指数可以作为经济增长的余量被计算出来，因而称为“索洛余值法”①。目前，学者主要采用经济增长核算和计量模型回归估计两种方式确定投入要素的产出弹性。

经济增长核算方法由美国经济学家丹尼森（Edward Fulton Denison）提出，在索洛新古典经济增长模型基础上，使用经济增长核算的统计数据分析了20世纪美国经济增长的原因。该核算方法假设经济生产处于完全竞争市场，投入要素的边际产出

---

① Robert M. Solow, “Technical Change and the Aggregate Production Function”, *Review of Economics and Statistics*, Vol. 39, 1957.

等于相应的要素报酬，并且投入要素的规模报酬不变，① 使用以收入法核算的地区生产总值统计数据，计算各年度的劳动和资本报酬份额，并从产出增长中扣除投入要素增长按其报酬份额加权平均后的余值，作为全要素生产率的增长。② 不少学者采用该方法核算了中国总量或各省份的全要素生产率。③

丹尼森基于新古典增长理论中关于投入要素规模报酬不变、技术进步外生和完全竞争市场的假设条件，认为投入要素的边际产出等于其相应的要素报酬，要素规模报酬不变，其产出弹性系数等于各自的要素报酬份额。使用国民经济核算的劳动和资本收入统计数据，可以确定投入要素的产出弹性系数，并测算出全要素生产率。④ 具体的，经济增长核算法假定经济产出（Y）与物质资本投入（K）和劳动投入（L）之间满足生产函数关系：

$$Y_t = A_t \cdot \mathrm{F}(K_t, L_t) \qquad (1-4)$$

式（1－4）两端关于时间求全微分，并同时除以 Y_t 得到：

$$\frac{\dot{Y}}{Y} = \frac{\partial \mathrm{F}}{\partial K} \cdot \frac{K}{Y} \cdot \frac{\dot{K}}{K} + \frac{\partial \mathrm{F}}{\partial L} \cdot \frac{L}{Y} \cdot \frac{\dot{L}}{L} + \frac{\dot{A}}{A} \qquad (1-5)$$

其中，$\frac{\partial Y}{\partial K} \cdot \frac{K}{Y}$ 和 $\frac{\partial Y}{\partial L} \cdot \frac{L}{Y}$ 分别为资本和劳动要素的产出弹性系

---

① 李平、王宏伟、张静：《改革开放 40 年中国科技体制改革和全要素生产率》，《中国经济学人》（英文版）2018 年第 1 期。

② 钟学义：《生产率分析的新概念》，《数量经济技术经济研究》1996 年第 12 期。

③ 孙琳琳、任若恩：《中国资本投入和全要素生产率的估算》，《世界经济》2005 年第 12 期；白重恩、张琼：《中国生产率估计及其波动分解》，《世界经济》2015 年第 12 期；蔡跃洲、张钧南：《信息通信技术对中国经济增长的替代效应与渗透效应——基于乔根森增长核算框架的测算与分析》，《经济研究》2015 年第 12 期。

④ 李平、王宏伟、张静：《改革开放 40 年中国科技体制改革和全要素生产率》，《中国经济学人》（英文版）2018 年第 1 期。

数。根据假设，投入要素的边际产出等于其要素报酬。①

$$\frac{\partial Y}{\partial K} = \frac{r_t}{p_t}, \frac{\partial Y}{\partial K} = \frac{w_t}{p_t} \quad (1-6)$$

于是，产出弹性系数可以表示为要素的报酬份额 S^k 和 S^l 。

$$S^k = \frac{r_t}{p_t} \cdot \frac{K}{Y} = \frac{\partial F}{\partial K} \cdot \frac{K}{Y}, S^l = \frac{w_t}{p_t} \cdot \frac{L}{Y} = \frac{\partial F}{\partial L} \cdot \frac{L}{Y} \quad (1-7)$$

从经济产出增长中扣除有形要素资本和劳动增长按其报酬份额加权平均后的余值,② 即为全要素生产率的增长。

$$\frac{\dot{A}}{A} = \frac{\dot{Y}}{Y} - S^k \cdot \frac{\dot{K}}{K} - S^l \cdot \frac{\dot{L}}{L} \quad (1-8)$$

乔根森认为丹尼森关于经济增长核算方法中，仅仅将经济增长源泉分解为劳动、资本和技术进步三个因素是不够的，这样会容易遗漏重要变量，进而会高估全要素生产率的作用，提出通过纳入不同的生产要素并准确衡量，尽可能减少因为核算误差导致的全要素生产率高估问题。③ 全要素生产率的增长率因此为:

$$\frac{\dot{A}}{A} = \frac{\dot{Y}}{Y} - \sum_j v_j \cdot \frac{\dot{X}_j}{X_j} \quad (1-9)$$

其中, X_j 和 v_j 分别为第 j 种投入要素及其价值占总投入价值的份额，并且 $\sum_j v_j = 1$, $v_j \geq 0$ 。

现有研究普遍认为人力资本对经济增长具有重要作用，是综合考虑劳动力质量后的劳动投入度量，与物质资本要素同质，

① 李平、王宏伟、张静:《改革开放 40 年中国科技体制改革和全要素生产率》,《中国经济学人》(英文版) 2018 年第 1 期。

② 钟学义:《生产率分析的新概念》,《数量经济技术经济研究》1996 年第 12 期。

③ 李平、王宏伟、张静:《改革开放 40 年中国科技体制改革和全要素生产率》,《中国经济学人》(英文版) 2018 年第 1 期。

应在全要素生产率测算过程中将其视为要素投入。① 随着中国经济增长进入结构性减速的新阶段，寻求突破经济回归稳态增长约束的新生产要素成为经济增长研究的重要课题。其中，知识资本具有非竞争性和积累效应，能够内生地驱动经济长期增长，受到大量学者的关注。② 因此，建议在测算全要素生产率时，不仅考虑劳动力和物质资本，还需要将人力资本和知识资本也纳入经济增长核算。③

与统计数据核算的方式不同，计量模型回归估计是在假设具体生产函数形式的基础上，将各投入要素作为自变量，经济产出为因变量，参数估计各投入要素与经济产出的变动关系，得到投入要素的产出弹性系数。不少学者采用 C-D 生产函数形式，回归估计了劳动和资本的产出弹性系数，并进一步测算了全国全要素生产率及其对经济增长的贡献率。④ Jorgenson 放松了 C-D 生产函数中关于技术进步希克斯中性和投入要素替代弹性不变等假设，提出以更具广泛性和包容性的超越对数生产函数形式测算全要素生产率。一些学者采用超越对数生产函数形式

① N. Mankiw, D. Romer, D. Weil, "A Contribution to the Empirics of Economic Growth", *The Quarterly Journal of Economics*, Vol. 107, No. 2, 1992.

② G. Grossman, E. Helpman, "Quality Ladders in the Theory of Growth", *Review of Economic Studies*, Vol. 58, No. 1, 1991; P. Aghion, P. Howitt, "A Model of Growth Through Creative Destruction", *Econometrica*, Vol. 60, No. 2, 1992.

③ 李平、王宏伟、张静：《改革开放 40 年中国科技体制改革和全要素生产率》，《中国经济学人》（英文版）2018 年第 1 期。

④ G. C. Chow, "A Model of Chinese National Income Determination", *Journal of Political Economy*, Vol. 4, 1993; 郭庆旺、贾俊雪：《中国全要素生产率的估算：1979—2004》，《经济研究》2005 年第 6 期；王小鲁、樊纲、刘鹏：《中国经济增长方式转换和增长可持续性》，《经济研究》2009 年第 1 期。

进行回归，并测算了中国各省份的全要素生产率指数。

上述两种方法中，计量模型回归估计法具有放松完全竞争市场、规模报酬不变等假设条件的优点，但是该方法的主要缺点在于两个方面，一是必须对估计的参数给出先验假设，二是受到样本观察值数据量的限制，这样容易出现参数估计不稳定等统计问题。① 此外，采用该方法估计总量生产函数时，需要采用联立方程体系进行估计，从而才能够规避内生性问题。与计量模型回归估计法不同，增长核算法更适合经济发展趋势波动较大国家或地区的定期生产率统计研究，② 经济合作与发展组织（OECD）发布的《生产率测算手册》也推荐使用该方法来估计全要素生产率，认为增长核算法是目前采用最广泛的全要素生产率测算方法。③

2. 生产前沿法

生产前沿方法是通过测算目前经济社会生产与既定投入下所能达到最大产出前沿面之间的距离，反映生产的效率水平，距生产前沿面越近的投入产出组合，相对效率越高。这一效率水平概念，既包括由给定投入要素集获得最大产出的能力，即技术效率，也包括在给定价格和生产技术下以最优比例利用投入的能力，即规模效率。因此，生产前沿方法可以对全要素生产率指数进行分解，分解为技术进步、技术效率增长等。

在索洛从宏观经济增长核算视角测算全要素生产率指数的

---

① 李平、王宏伟、张静：《改革开放40年中国科技体制改革和全要素生产率》，《中国经济学人》（英文版）2018年第1期。

② 李平、王宏伟、张静：《改革开放40年中国科技体制改革和全要素生产率》，《中国经济学人》（英文版）2018年第1期。

③ 任若恩等：《中国全要素生产率的行业分析与国际比较——中国KLEMS项目》，科学出版社2013年版。

同时，法约尔从微观厂商生产前沿面视角测算相对技术效率（Technical Efficiency，TE）。法约尔测度厂商相对技术效率的基本逻辑如下：生产前沿面代表着技术上的最高水平，处于该生产前沿面上的投入产出组合是技术上最具效率的，意味着要获得给定产出至少需要生产前沿面上对应的投入水平才能实现，任何高于生产前沿面水平的投入产出组合在技术上都不是有效的，距离生产前沿面越近的投入产出组合，相对技术效率也就越高。① 这里所谓的生产前沿面指的是在一定技术进步条件下，一定投入所对应的理想的最大产出所形成的曲线（曲面），或者是一定产出所对应的理想的最小投入所形成的曲线（曲面）。② 法约尔关于技术效率的测度逻辑在数学上恰好可以用距离函数（Distance Function）来进行描述。法约尔的开创性工作以及距离函数的构造，奠定了生产前沿面法测度全要素生产率的基础。③ 法约尔从投入角度认为技术效率是指在产出规模以及市场价格不变的前提条件下，按照既定的要素投入比例，生产一定量产品所需的最小成本与实际成本的百分比，即指在相同的产出下生产单元理想的最小可能性投入与实际投入的比率。④ 产出角度的技术效率是指实际产出水平与在相同的投入规模、投入比例以及市场价格条件下所能达到的最大产出量的百分比，即指在相同的投入下生产单元实际产出与理想的最大可能性产

---

① 李平：《提升全要素生产率的路径及影响因素——增长核算与前沿面分解视角的梳理分析》，《管理世界》2016 年第 9 期。

② 朱承亮：《中国经济增长效率及其影响因素的实证研究》，硕士学位论文，西北大学，2010 年。

③ 李平：《提升全要素生产率的路径及影响因素——增长核算与前沿面分解视角的梳理分析》，《管理世界》2016 年第 9 期。

④ 朱承亮：《中国经济增长效率及其影响因素的实证研究》，硕士学位论文，西北大学，2010 年。

出的比率。[①] 这一从产出角度给出的定义得到了学者们的普遍认同，在实际应用研究中也被广泛采用。[②]

技术效率与生产前沿面是紧密相连的。如图 1－1 所示，F 代表理想的最大产出所构成的曲线，即生产前沿面，A 代表实际上所能达到的产出水平，则样本产量观察值必然位于曲线 A 的两侧，且只能位于曲线 F 的下方，永远不会超过 F 曲线。曲线 F 和曲线 A 之间的距离 H 可以用来表示技术效率水平的高低，距离 H 越大，则技术效率越低，反之则越高。[③] 技术效率为 0—1，当实际产出量达到了理想的最大产出量时，即曲线 A 与曲线 F 重合时，此时技术效率达到了最大值 1。这就是说，在现实中并非所有的生产单元都可以达到最大产出。因此，在现有的技术水平下，生产者的产出能否达到其生产前沿面依赖技术效率水平的高低。[④] 若技术效率为 1，则表明现有技术得到了充分发挥，实际产出量在生产前沿面上，此时要想继续提高生产单元的技术效率则要考虑从提高技术进步角度出发使生产前沿面上移；若技术效率小于 1，则说明实际产出量不在生产前沿面上，两者之间的距离 H 是由于现有技术没有得到充分发挥而引起的，此时应采取措施使得在现有技术水平下技术效率得到提高，[⑤] 使实际

---

① 朱承亮、岳宏志：《我国高技术行业科技活动技术效率实证研究》，《科技进步与对策》2010 年第 5 期。

② 朱承亮：《中国经济增长效率及其影响因素的实证研究》，硕士学位论文，西北大学，2010 年。

③ 朱承亮：《中国经济增长效率及其影响因素的实证研究》，硕士学位论文，西北大学，2010 年。

④ 朱承亮：《中国经济增长效率及其影响因素的实证研究》，硕士学位论文，西北大学，2010 年。

⑤ 朱承亮、岳宏志：《我国高技术行业科技活动技术效率实证研究》，《科技进步与对策》2010 年第 5 期。

产出曲线 A 向生产前沿面 F 靠拢。①

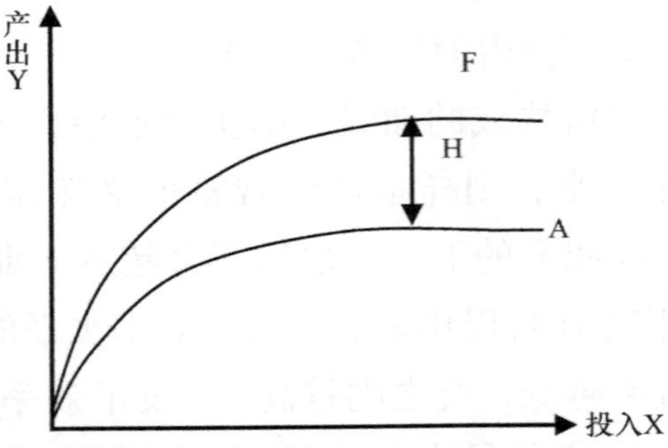

图 1－1　技术效率示意

资料来源：朱承亮：《中国经济增长效率及其影响因素的实证研究》，硕士学位论文，西北大学，2010 年。

进一步参照 Coelli 的图示方法，用产出导向法将技术效率的基本概念直观地表示如下：为简单起见，假设经济增长系统有两种投入 X_1（劳动力）和 X_2（资本），一种产出 Y（GDP）。如图 1－2 所示，在规模报酬不变的前提条件下，OC 为确定的规模扩张线；EE′为生产前沿面，则 OEB′E′为生产可能集；在投入要素价格已知条件下，等成本曲线 DD′是确定的；A、B、B′为不同生产单元的样本点。则根据上述技术效率的含义，样本点 B 和 B′在生产前沿面 EE′上，则为技术有效；而样本点 A 不在生产前沿面 EE′上，则为技术非效率。②

我们可以利用等产量曲线 EE′来测算样本点 A 的技术效率。实际上，A 点代表的是生产单元实际所达到的产出量，AB 之间的距离 H 即为实际产出与最大产出之间的差距。则以样本点 A

① 朱承亮：《中国经济增长效率及其影响因素的实证研究》，硕士学位论文，西北大学，2010 年。

② 朱承亮：《中国经济增长效率及其影响因素的实证研究》，硕士学位论文，西北大学，2010 年。

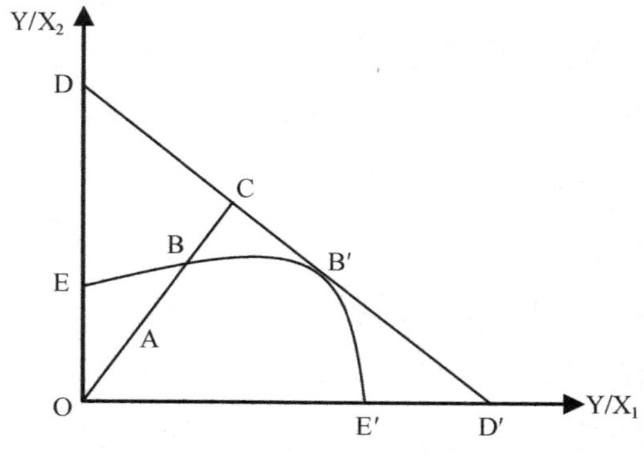

图 1－2　产出角度的技术效率

资料来源：朱承亮：《中国经济增长效率及其影响因素的实证研究》，硕士学位论文，西北大学，2010 年。

点表示的生产单元的技术非效率可以用 AB/OB 的比率来表示，代表该生产单元 A 要达到技术有效产出可以增加的产出数量比率。则技术效率可以用 OA/OB 的比率来表示，即技术效率TE = OA/OB = 1 － AB/OB。①

可见，技术效率只是一种用来衡量个体对现有技术和资源的利用能力的指标，值得注意的是，在度量技术效率时实际的投入（产出）值可以直接观测到，但是怎样来确定理想的最大产出或者最小投入呢，也即怎样来确定生产前沿面的问题变成了度量技术效率的关键。② 目前，最常用的两种方法是数据包络分析法和随机前沿分析法，分别使用数学规划和经济计量模型对全要素生产率指数进行估计并进一步分解。数据包络分析方法采用数学规划方法构建决策单元的非参数分段前沿面，并相

① 朱承亮：《中国经济增长效率及其影响因素的实证研究》，硕士学位论文，西北大学，2010 年；朱承亮、岳宏志：《我国高技术行业科技活动技术效率实证研究》，《科技进步与对策》2010 年第 5 期。

② 朱承亮：《中国经济增长效率及其影响因素的实证研究》，硕士学位论文，西北大学，2010 年。

对于这个前沿面来计算效率。相对于数据包络分析方法构建的确定性生产前沿面，随机前沿分析方法考虑随机因素的影响，降低了生产前沿面对随机误差的敏感性，在生产函数的误差结构中区分了效率分布和随机误差项。

（1）数据包络分析方法

法约尔（Henri Fayol）的技术效率测度提出以后，虽然一些学者利用其观测方式进行过一些实证研究尝试，然而在现实中生产前沿面是非常难以衡量确定的，因此在技术效率测度逻辑提出之后的近 20 年时间里该方法更多的是停留在理论层面，仅有极少数几篇文章沿着法约尔的逻辑思路做了进一步研究。① 直到 1978 年，Charnes 等提出了以数学规划为基础的非参数测度方法，即数据包络分析方法，并很快成为相对技术效率测度的主流方法之一。② Banker 等在 Charnes 等的基础上，将规模报酬变动条件下的技术效率分解为纯技术效率和规模效率。③

数据包络分析方法关于决策单元（DMU）相对技术效率的测度多是基于多投入和多产出的情形，该方法的显著优势在于不需要事先设计生产函数的具体形式和特征，因为根据所有决策单元的投入产出数据，就能够提供一个可以观测到的生产前沿面，从而作为相对技术效率测度的基准。④ Caves 等率先将 Malmquist 指数与技术效率相结合，从而得到 Malmquist 生产率指数，根据该指数可以测算不同时点间的动态生产率变化情况。

① 李平：《提升全要素生产率的路径及影响因素——增长核算与前沿面分解视角的梳理分析》，《管理世界》2016 年第 9 期。

② 李平：《提升全要素生产率的路径及影响因素——增长核算与前沿面分解视角的梳理分析》，《管理世界》2016 年第 9 期。

③ 李平：《提升全要素生产率的路径及影响因素——增长核算与前沿面分解视角的梳理分析》，《管理世界》2016 年第 9 期。

④ 李平：《提升全要素生产率的路径及影响因素——增长核算与前沿面分解视角的梳理分析》，《管理世界》2016 年第 9 期。

Fare 等将 Malmquist 生产率指数进一步分解为技术进步指数和技术效率指数，而技术效率指数又进一步分解为纯技术效率指数和规模效率指数。

Caves 等定义了基于超越对数生产函数的 Malmquist 生产率指数，并证明在不需要知晓超越对数生产函数的具体参数值情形下，仅仅依据数量和价格信息就可以计算出 Malmquist 生产率指数。Fare 等则将 Caves 等定义的 Malmquist 生产率指数由超越对数生产函数拓展到非参数形式，也即由观测点构成的生产前沿面。Fare 等还通过线性规划方法将 Malmquist 生产率指数中涉及的距离函数计算出来。国外学者采用数据包络分析方法测算和分解了一国或地区的全要素生产率指数，国内学者也采用数据包络分析方法测算了中国各省份的全要素生产率。①

（2）随机前沿分析方法

在测算技术效率时，随机前沿分析方法（Stochastic Frontier Approach，SFA）是最为常用的参数方法中的一种。SFA 往往借助一定的生产函数形式对技术效率进行估算。

早期 Afrait 等对 SFA 模型进行了研究，其 SFA 模型基本上可以表达为：

$$y = \beta \cdot x + \varepsilon \tag{1-10}$$

其中，x 表示投入，y 表示产出，β 表示待估参数，ε 表示误差项。这种模型的缺点是没有对误差项 ε 进行分解，这样所测算的技术效率与实际的效率水平有较大偏差。

考虑到这一缺陷，一些文献在早期 SFA 模型的基础上作了

① J. J. Kruger, "The Global Trends of Total Factor Productivity: Evidence from the Nonparametric Malquist Index Approach", *Oxford Economic Papers*, Vol. 55, No. 2, 2003；胡鞍钢、郑京海：《中国改革时期省际生产率增长变化：1979—2001》，《经济学》（季刊）2005 年第 1 期；颜鹏飞、王兵：《技术效率、技术进步与生产率增长：基于数据包络分析的实证分析》，《经济研究》2004 年第 12 期。

如下改进，即将误差项 ε 分解成两个部分——随机误差项（v）和无效率项（u）。①根据他们的研究成果，SFA 模型基本上可以表达为：

$$y = f(x;\beta) \cdot \exp(v - u) \tag{1-11}$$

其中，误差项 ε 为复合结构，由两个部分组成：第一部分为随机误差项 v，包括观察误差、不可预期的消耗、政策变动、天气等不可控因素，且 v 服从 $N(0,\sigma_v^2)$ 分布，$v \in iid$（独立同分布）；第二部分为无效率项 $u \geqslant 0$，表示那些仅仅对某个生产单元所具有的冲击，如管理、资源利用等因素。② 因此，该生产单元的技术效率状态则可以用 $TE = \exp(-u)$ 来表示。这样，当 $u = 0$ 时，该生产单元就恰好处于生产前沿面上，即处于技术效率状态；当 $u > 0$ 时，该生产单元就处于生产前沿面下方，也就

① W. Meeusen et al.,“Efficiency Estimation from Cobb - Douglas Production Functions with Composed Error”, *International Economic Review*, Vol. 18, No. 2, 1977; D. Aigner et al.,“Formulation and Estimation of Stochastic Frontier Production Functions Models”, *Journal of Econometrics*, No. 1, 1977; G. E. Battese, G. S. Corra,“Estimation of a Production Frontier Model: With Application to the Pastoral Zone of Eastern Australia”, *Australian Journal of Agricultural Economics*, No. 3, 1977；朱承亮：《中国经济增长效率及其影响因素的实证研究》，硕士学位论文，西北大学，2010 年。

② 朱承亮、岳宏志、李婷：《中国经济增长效率及其影响因素的实证研究：1985—2007 年》，《数量经济技术经济研究》2009 年第 9 期；朱承亮、岳宏志、师萍：《人力资本及其构成对中国技术效率影响的实证研究——基于 1985—2007 年省域面板互数据的证据》，《科学学研究》2010 年第 11 期；朱承亮、岳宏志：《我国高技术行业科技活动技术效率实证研究》，《科技进步与对策》2010 年第 5 期；朱承亮等：《人力资本、人力资本结构与区域经济增长效率》，《中国软科学》2011 年第 2 期。

是处于技术非效率状态。①

20 世纪 50 年代的 SFA 模型主要是基于截面数据的技术效率估计的，如 Aigner、Lovell 和 Schmidt 于 1977 年提出的模型。由于采用截面数据，样本数目少、参数估计的自由度相对较小等原因导致了参数估计不一定具有良好的稳健性。针对截面数据的缺陷，到了 20 世纪 80 年代以后更多的是利用面板数据来进行测算。虽然这些模型是基于面板数据的，但是这些模型均假设生产单元的技术效率不随时间的推移而改变。这种假设明显与实际情况不符。为此，Battese 和 Coelli 于 1992 年提出了技术效率随时间变动的 BC 模型，即将生产单元的技术非效率 u_{it} 设定为时间 T 的指数函数形式：

$$u_{it} = \exp[-\eta \cdot (t - T)] \cdot u_i \qquad (1-12)$$

其中，η 为待估参数，可以透过 η 的 t 值来确定技术非效率是否随时间变动而变动。

20 世纪 90 年代以前的 SFA 模型仅仅可以测算样本生产单元的技术效率水平，但是，现实情况是我们需要探讨有哪些影响因素导致了技术非效率，若仅仅依靠上述 SFA 模型是不能解决这一问题的。早期在探讨影响因素与技术非效率之间的关系时，普遍采用二阶段估计法。二阶段估计法假设技术非效率结果独立且服从某种分布，其基本步骤分成两个阶段：第一阶段先估计出随机前沿生产函数与技术非效率；第二阶段再以所估计出

① 朱承亮、岳宏志、李婷：《中国经济增长效率及其影响因素的实证研究：1985—2007 年》，《数量经济技术经济研究》2009 年第 9 期；朱承亮：《中国经济增长效率及其影响因素的实证研究》，硕士学位论文，西北大学，2010 年；朱承亮、岳宏志、师萍：《人力资本及其构成对中国技术效率影响的实证研究——基于 1985—2007 年省域面板互数据的证据》，《科学学研究》2010 年第 11 期；朱承亮、岳宏志：《我国高技术行业科技活动技术效率实证研究》，《科技进步与对策》2010 年第 5 期；朱承亮等：《人力资本、人力资本结构与区域经济增长效率》，《中国软科学》2011 年第 2 期。

的技术非效率值作为被解释变量，各影响因素作为解释变量，一般的采用最小二乘法（OLS）来估计各影响因素对技术非效率的影响程度。二阶段估计法的假设被认为是不一致，即第二阶段所构建的回归方式违反了第一阶段中关于技术非效率结果独立性的假设。

为了改善这种不合理的估计方式，进入 20 世纪 90 年代，SFA 技术得到了更为深入的发展，Battese 和 Coelli 于 1995 年提出了 BC 模型，该模型不仅仅可以测算样本及其个体中的效率水平，而且还能够就影响技术无效率的因素做进一步的剖析和测算。BC 模型假设技术无效率 u 服从非负截尾正态分布 $N(m_{it}, \sigma_u^2)$，同时假设 m 为各种影响因素的函数：

$$m = \delta \cdot z \quad (1-13)$$

其中，z 为影响技术无效率项的各种因素，δ 为待估参数，表示那些因素对技术无效率的具体影响。因此，各样本点的技术效率值和影响技术非效率的因素就可以在一个模型中估计出来。国外这方面早期的研究颇多，国内不少学者采用随机前沿分析方法测算了中国总量或各省全要素生产率。①

① D. Aigner et al.，"Formulation and Estimation of Stochastic Frontier Production Functions Models"，*Journal of Econometrics*，No. 1，1977；何枫、陈荣：《经济开放度对中国经济效率的影响：基于跨省数据的实证分析》，《数量经济技术经济研究》2004 年第 3 期；王志刚、龚六堂、陈玉宇：《地区间生产效率与全要素生产率增长率分解》，《中国社会科学》2006 年第 2 期。

二 资本产出比率分析

资本生产率是单要素生产率的重要组成部分。作为拉动经济增长的三驾马车之一，投资始终是中国经济发展的重要动力。改革开放以来，中国固定资产投资实现了跨越式发展，保持了对经济增长较高的贡献率，在拉动经济增长中发挥了关键作用。党的十八大以来，随着经济发展方式的加速转型，中国投资有效性逐步提升，投资结构渐趋优化。在此背景下，研究新时期中国资本生产率变化的新趋势和新特征具有重要意义。本章基于资本产出比率指标对中国2010年以来的资本生产率进行分析。资本投入可以分为物质资本投入和人力资本投入两类，但由于人力资本的计量较为困难，故本研究采用物质资本投入。本章首先对中国近十年来的投资发展趋势和特征进行剖析，然后对中国整体的资本产出比率进行测算和分析，最后从产业层面出发，对资本产出比率的变动进行分解分析。

（一）2010年以来中国投资发展概述

2008年国际金融危机对世界各国经济造成了严重的打击，中国政府通过扩大投资促进经济的恢复，使2009年投资增速达到改革开放后的最高位。2010年以来，固定资产投资增速总体呈放缓趋势，投资结构加快调整。尤其是党的十八大以来，随着经济发展方式加快转变，围绕稳增长、调结构、补短板、惠民生的总体要求，中国着力提升投资有效性，持续优化投资结构，固定资产投资在推动经济平稳增长中发挥了重要作用。

1. 投资总体变动趋势

从总体趋势来看，2010—2020 年，中国投资持续增长，但增速呈下降趋势，与经济增长趋势大致相似。如图 2 – 1 和图 2 – 2 所示，2010 年以来，中国国内生产总值、固定资本形成总额和固定资产投资均逐年增长，但增速总体呈放缓趋势，尤其是 2014 年以后。主要是由于这一阶段，中国经济开始进入新常态，逐渐由高速增长向中高速增长过渡，其中，固定资产投资增速变动最大。2011 年，受房地产新政、产能限制等政策影响，全国固定资产投资增速大幅回落，2012 年和 2013 年短暂恢复，增速保持在 16% 左右，2014 年开始，在经济发展方式转变、供给侧结构性改革等政策背景下，中国固定资产投资增速开始逐年快速下降，“十三五”时期增速明显放缓，尤其是 2017 年增速较上一年下降了 95%，仅为 0. 38%，此后一直在低位徘徊。与固定资产投资相比，同期固定资本形成总额的增长更为稳定。2020 年，受新冠疫情影响，中国经济和投资增速均

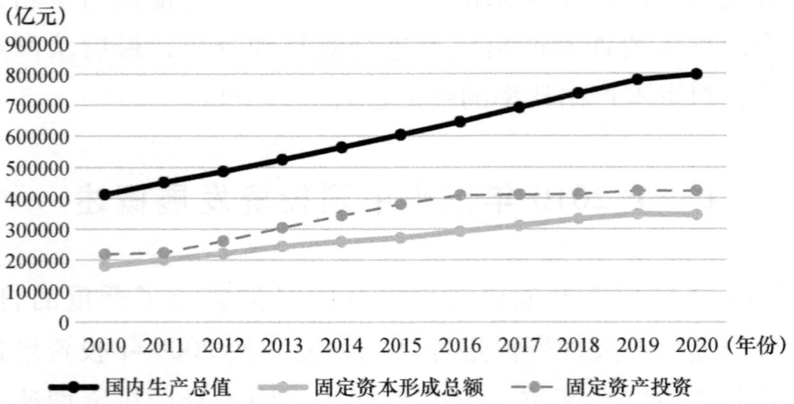

图 2 – 1 2010—2020 年中国 GDP 与投资变化趋势

资料来源：《中国统计年鉴》。

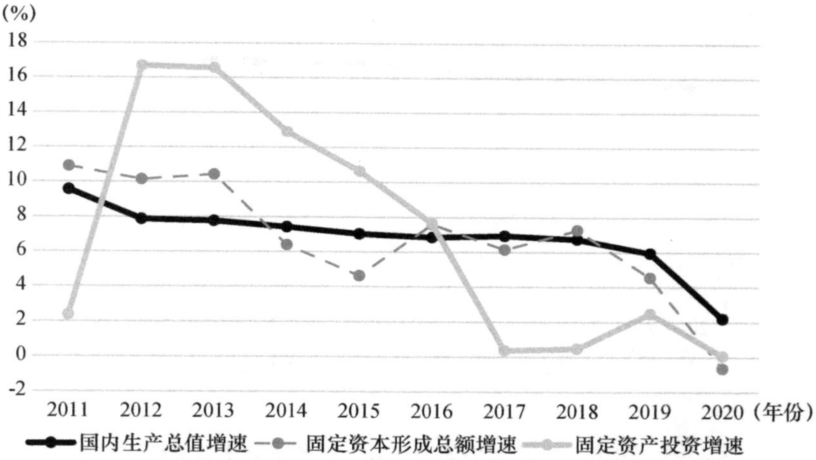

图 2 - 2　2011—2020 年中国 GDP 增速与投资增速变化趋势

资料来源：笔者测算得到。

有较大幅度下滑。

2. 投资对经济增长的作用

从投资对经济增长的作用来看，这一时期，投资在经济增长中依然发挥了重要作用，但贡献有所下降，消费、投资、出口协调拉动经济增长的局面逐渐形成。从资本形成率①上看，如图 2 - 3 所示，2010 年中国资本形成率（投资率）达到 47%，为改革开放以来的峰值，同年消费率②是 49%，为改革开放以来的最低值。2011 年后，特别是党的十八大以来，中央坚持稳中求进的工作总基调，坚定不移地推进供给侧结构性改革，适度扩大总需求，深入发掘内需潜力，特别是消费需求潜力，使中国消费率持续上升，投资率总体呈下降趋势，二者的差距逐

① 资本形成率（投资率）为资本形成总额占支出法国内生产总值的比重。

② 消费率为最终消费支出占支出法国内生产总值的比重。

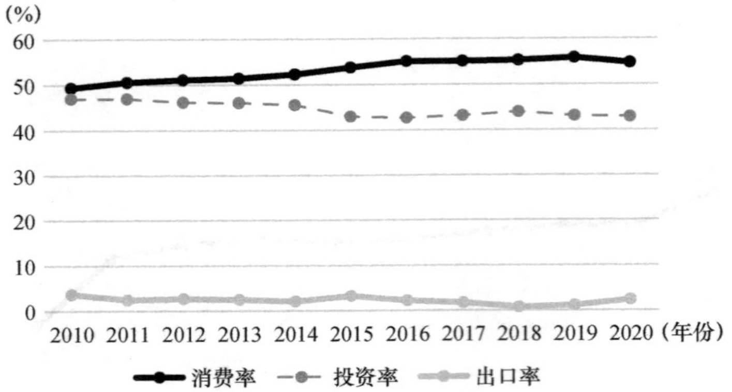

图 2-3　2010—2020 年中国消费率、投资率和出口率变化趋势

资料来源：《中国统计年鉴》。

渐拉大，尤其是在“十三五”时期，国内生产总值中用于投资的比例已明显低于消费，消费在扩大内需中的作用得到明显提升。从投资对经济增长的贡献来看，如图 2-4 所示，2010 年投资对经济增长的贡献率为 63.4%，达到样本期峰值（不考虑受

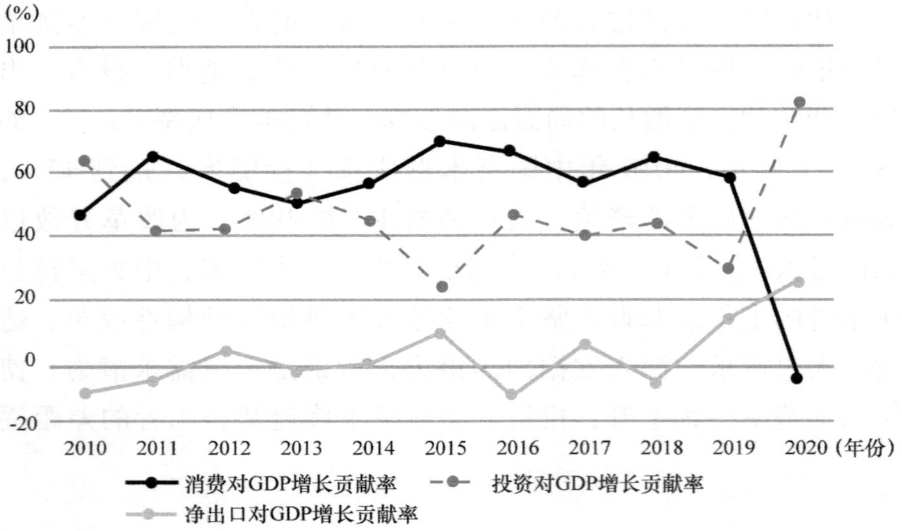

图 2-4　2010—2020 年中国消费、投资和净出口对经济增长的贡献变化

资料来源：《中国统计年鉴》。

新冠疫情影响的2020年），2011—2019年，投资对经济增长的贡献率在波动中下降，总体上低于消费对经济增长的贡献率，2019年，投资对经济增长的贡献率仅为28.9%，2020年，受疫情因素影响，消费对经济增长的贡献率骤降，投资贡献率达到81.5%，几乎支撑了该年全部的经济增长，同期，净出口对经济增长的贡献率在波动中总体呈上升趋势。总体来看，这一时期，中国经济过度依赖投资的情况有所改善，有效投资与消费升级良好互动的局面逐渐形成。

3. 三大产业投资发展情况

从三大产业来看，2010—2020年，中国第一产业固定资产投资稳步增长，第二产业固定资产投资逐步由规模扩大向结构优化转变，第三产业固定资产投资逐年增加，且占比最高，为产业结构优化升级提供了重要支撑。

样本期内，中国第三产业快速发展，产业结构持续优化升级。从占比来看，如图2－5所示，第一和第二产业在国民经济中的占比总体呈下降趋势，第三产业占比持续上升，2017年，

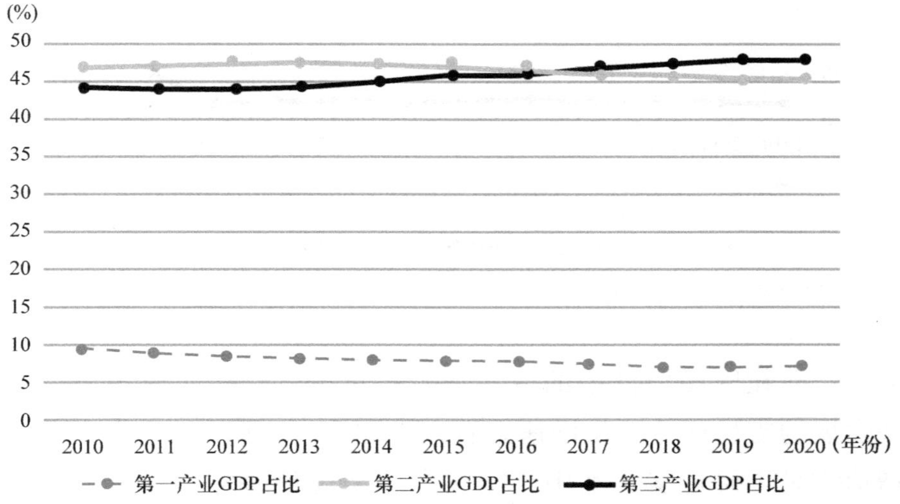

图2－5 2010—2020年中国三大产业GDP占比变化趋势

资料来源：《中国城市统计年鉴》。

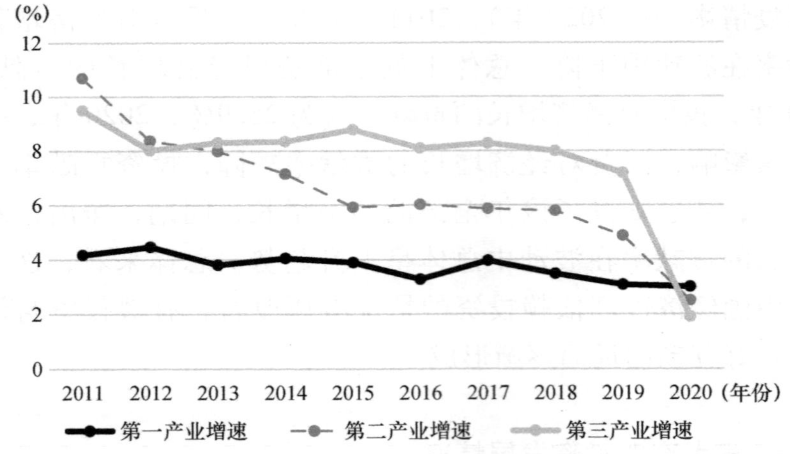

图 2－6 2011—2020 年中国三大产业增速变化趋势

资料来源：笔者测算得到。

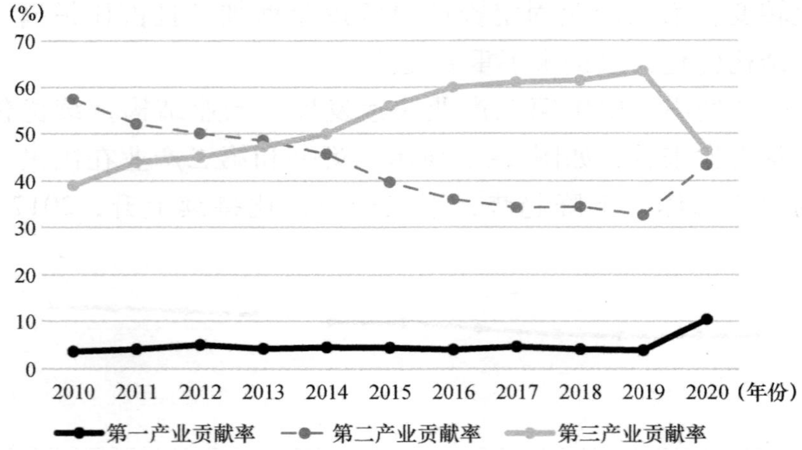

图 2－7 2010—2020 年中国三大产业贡献率变化趋势

资料来源：《中国统计年鉴》。

第三产业在国民经济中的占比开始超过第二产业，成为国民经济发展的支柱产业。从增速来看，如图 2－6 所示，三大产业的增速均呈下降趋势，其中，第三产业增速最快，第一产业增速最慢，“十二五”时期，在第二产业增速快速下降的同时，第三产业增速不降反升。从对经济增长的贡献率来看，如图 2－7 所示，样本期内（不考虑受新冠疫情影响的 2020 年），第二产业贡献率持续下降，第三产业贡献率持续攀升，2014 年，第三产业贡献率超过第二产业，成为拉动经济增长的主力。

样本期内，三大产业固定资产投资的变化是推动产业结构升级的重要动力。如图 2 - 8 和图 2 - 9 所示，第一产业固定资产投资整体呈稳步增长趋势，而且与第二、第三产业相比，第一产业投资增速也处于较高水平，作为我国经济运行的生产基础，第一产业一直受到国家的高度关注，自 2004 年以来，中央连续十五年发布以“三农”为主题的一号文件，第一产业投资的增加和快速增长对增加农民收入，改善农民生活质量发挥了重要作用；第二产业固定资产投资占比在“十二五”时期总体增加，但增速较快下滑，“十三五”时期，增速进一步下降，占比开始降低，这主要是由于党的十八大以来，中央坚持以供给侧结构性改革为主线，着力推进“三去一降一补”，大力发展新动能，第二产业逐步由规模扩张转入结构优化和动能转换阶段；第三产业固定资产投资占比在样本期内一直居于三大产业之首，且总体呈上升趋势，在“十三五”时期稳步提升，平均占比达到全部固定资产投资的 2/3 左右，增速则位于第一、第二产业之间，中国第三产业投资的增加与城镇化建设带来的基础设施和房地产开发投资增长密不可分，目前，第三产业对投资的引

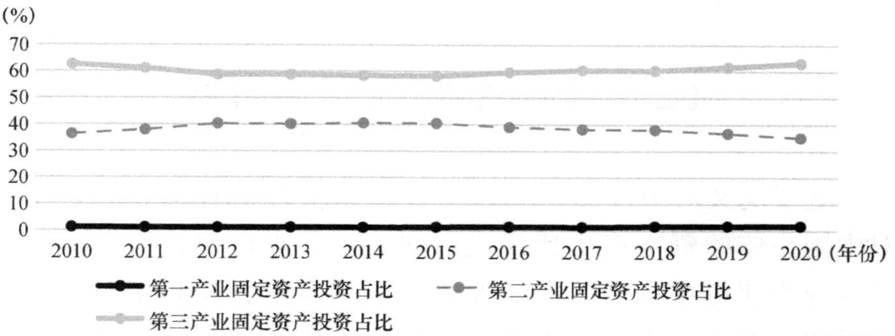

图 2 - 8　2010—2020 年中国三大产业固定资产投资占比变化趋势

资料来源：笔者测算得到。

领、支撑作用逐渐增加，是拉动投资和经济增长的重要引擎。2020年，在新冠疫情的影响下，第三产业的增速和贡献率有所下降，第一产业和第二产业支撑作用增加，尤其是第一产业表现平稳，在第二、第三产业固定资产投资低增长的情况下，第一产业固定资产投资实现19.5%的较大幅度增长，有效维护了我国经济运行的基础，较好地发挥了“经济压舱石”和“社会稳定器”的重要作用。

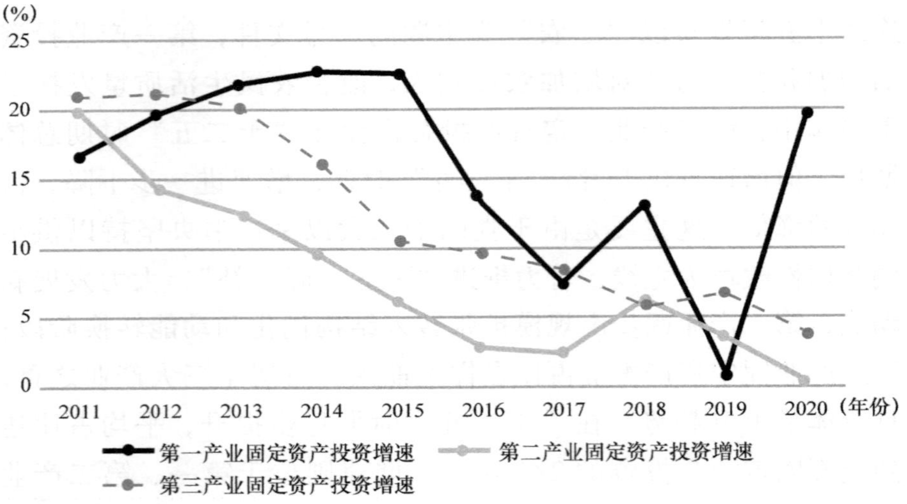

图2-9 2011—2020年中国三大产业固定资产投资增速变化趋势

资料来源：《中国统计年鉴》。

（二）全国资本产出比率分析

基于前文对中国经济与投资发展形势的总体分析，本小节对中国整体的资本产出比率进行研究。资本产出比率是一个经济系统为获得单位产出所需要投入的资本量，反映了经济系统的投资效率。一个经济体的资本产出比率越低意味着其获得单位产出所需要投入的资本越少，资本生产率也就越高。由于资本产出比率为资本存量与经济产出之比，因此，计算资本产出比率首先需要计算资本存量。

1. 资本存量计算

自20世纪90年代以来，众多学者对中国资本存量进行了估算。① 本部分基于这些研究，采用Goldsmith提出的永续盘存法对中国资本存量进行估算。永续盘存法的基本公式为：

$$K_t = I_t + (1 - \delta_t) K_{t-1} \tag{2-1}$$

其中，K_t为t年的资本存量，I_t为t年的投资额，δ_t为t年的折旧率。根据式（2-1），资本存量的计算需要确定基期资本存量、当期投资额、固定资产投资价格指数、折旧率数据。

基期资本存量。在永续盘存法下，选择的基期越早，基期资本存量估计的误差对后续年份的影响就会越小。因此本章以1978年为基期对资本存量进行测算。对初始资本存量的取值，目前学者们常用的是增长率法。增长率法假设经济增长稳态下，经济增长与资本存量增长是相等的，由此基期资本存量的估算如式（2-2）所示：

$$K_0 = I_0/(g + \delta) \tag{2-2}$$

其中，I_0为初始年的投资，δ为折旧率，g表示在初始年份之前的平均投资增长率。初始投资为1978年的投资额，以分析期初始年份2010年为1，采用固定资产投资价格指数进行平减。折旧率取1978年的数据。根据GDP的增长情况，平均投资增长率采用1978—1983年的数据。

当期投资额。2009年，联合国统计委员会公布了新的国民经济核算标准（SNA2008），在SNA1993的基础上将“无形固定资产”更名为“知识产权产品”，R&D支出放在知识产权产品

---

① G. C. Chow, “A Model of Chinese National Income Determination”, *Journal of Political Economy*, Vol. 4, 1993；张军、章元：《对中国资本存量K的再估计》，《经济研究》2003年第7期。

的子目录中，并放在固定资本形成下。这表明在国民经济核算中，R&D 投入将作为投资来对待，而不是中间消耗。目前，不少发达国家接受并采用了 SNA2008，将 R&D 投入资本化，作为固定资产计入国民经济账户。① 2017 年的《中国统计年鉴》也将研发支出作为固定资本形成处理，并修订了 GDP 的历史数据。为了与国际接轨以及全面反映投资情况，本部分的当期投资额采用固定资本形成额，同时采用固定资产投资额进行计算和对比。所有投资数据以 2010 年为基期采用固定资产投资价格指数进行平减。数据来自 2021 年的《中国统计年鉴》。

固定资产投资价格指数。中国固定资产投资价格指数的公布始于 1991 年，1990 年及以前的数据在《中国统计年鉴》上不可得，并且相关年鉴也都没有这一信息。本书采取龚飞鸿等计算的 1978—1990 年固定资产投资价格指数。②

折旧率。为了更接近实际情况，1978—1986 年的折旧率采取公开数据，1987—2018 年的折旧率根据投入产出表的数据计算，2019—2020 年的折旧率参考 2018 年的数据。

图 2 - 10 展示了 2010—2020 年中国资本存量的变化趋势，可以看到，样本期内中国资本存量持续攀升，用固定资本形成额计算出的资本存量较用固定资产投资计算出的资本存量数值更小，这与二者口径的差异有关。从增速来看，如图 2 - 11 所示，资本存量的增速高于经济增速，二者均呈总体下降态势，但资本存量的下降速度更快。

---

① 王孟欣：《美国 R&D 资本存量测算及对我国的启示》，《统计研究》2011 年第 28 卷第 6 期。

② 龚飞鸿等：《中国经济增长与生产率发展报告》，载汪同三、郑玉歆主编《中国社会科学院数量经济与技术经济研究所发展报告(2008)》，社会科学文献出版社 2008 年版。

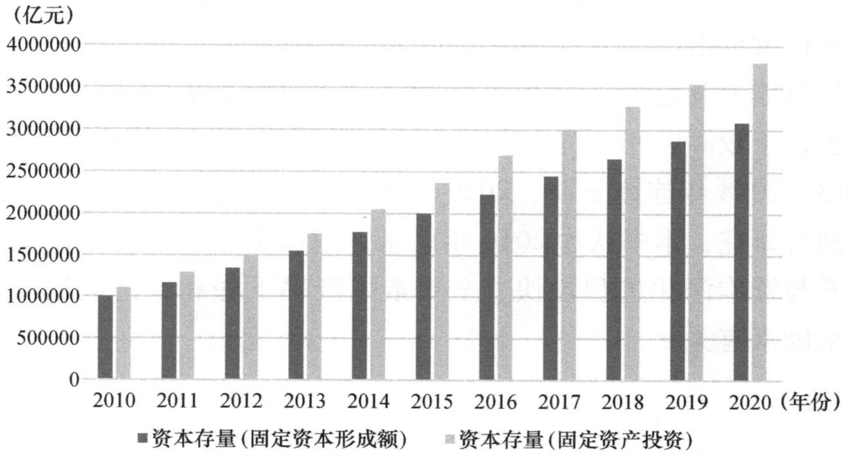

图 2－10　2010—2020 年中国资本存量变化趋势

资料来源：笔者测算得到。

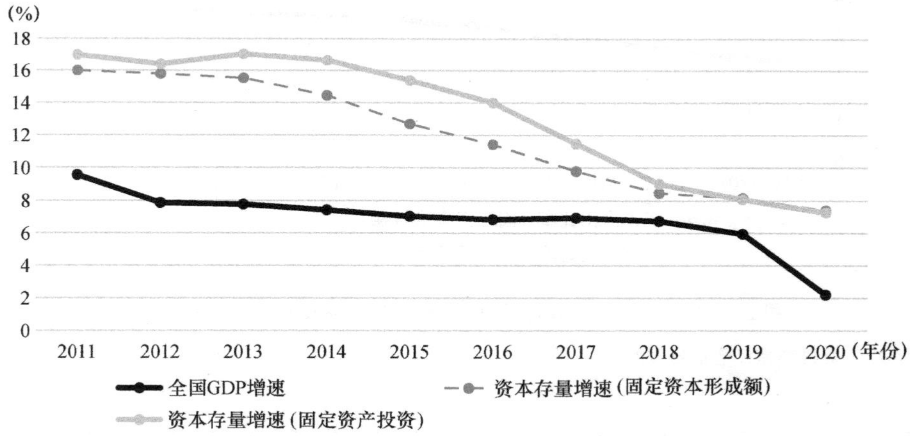

图 2－11　2011—2020 年中国 GDP 增速和资本存量增速变化趋势

资料来源：笔者测算得到。

2. 资本产出比率及变动原因分析

在资本存量数据的基础上，进一步以资本存量与可比价国内生产总值之比计算出中国样本期各年的资本产出比率及其增速。如图 2－12 所示，2010—2020 年，中国资本产出比率逐年上升，意味着单位产出所需要投入的资本量不断增加，资本生产率持续下滑。尽管改革开放以来，中国资本产出比率在波动中呈总体上升趋势，但2010年后这种上升趋势更为明显，且增速也位于较高区间，资本生产率的下滑更为突出。从增速来看，2013—2018年连续下降，2019年和2020年则又有所回升。结合现有研究，本书认为2010年以来，中国资本产出比率的持续攀升与资本深化进程加快、全要素生产率下降和经济周期波动三个因素有关。

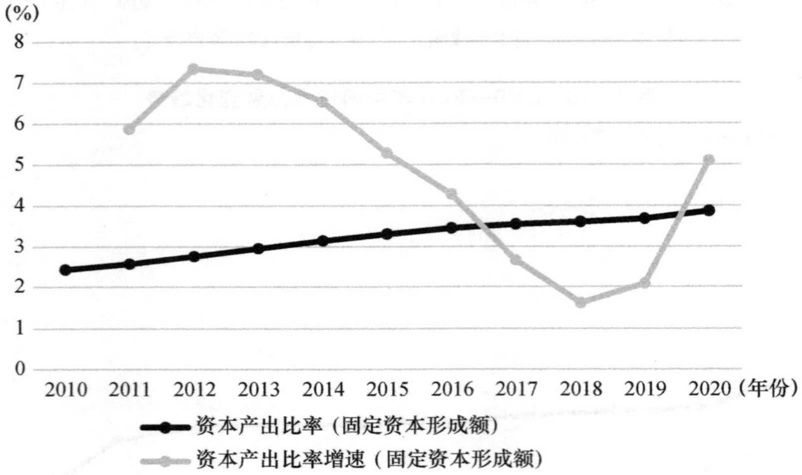

图2－12　2010—2020年中国资本产出比率及其增速变化趋势

资料来源：笔者测算得到。

（1）资本深化进程加快

首先，中国资本产出比率的上升与政府投资主导下的资本深化进程加速密切相关。所谓资本深化是指在经济增长过程中，人均储蓄超过资本广化带来的资本劳动比率的上升。资本深化会降低资本的边际收益，从而提升资本产出比率。一般来说，由工资上涨引致的资本深化是以市场价格为导向的市场配置资源过程，但对于中国等转型经济体而言，资本深化不完全是一个市场化的要素配置过程。① 中国经济增长高度依赖投资规模的扩张，尤其是政府投资。宫旭红和曹云祥研究发现，政府投资在中国资本深化中发挥了重要作用。② 与工资上涨导致的资本深化相比，政府投资引致的资本深化存在一定的盲目性和重复性，会导致资本生产率过快下降。③ 现有研究认为，资本深化是我国资本产出比率上升的一个重要原因。张军指出，由于过度的投资和过度的竞争，企业的技术选择显示出资本替代劳动的偏差，技术路径对要素自然结构的偏离使资本劳动比率持续上升，加快了资本深化过程，降低了投资的边际回报率。④ 陈仲常和吴永球指出，改革开放以来，中国工业部门的技术选择违反了中国这一时期劳动力要素的比较优势，资本的过度深化影响了资本的利润水平，导致资本效率的下降。⑤ 2008 年国际金融危机后，为应对经济衰退、稳定经济，中央政府采取了系列宏观调控政策，在短期内投放了大量资金，其中大部分用于固定资产投资，2010—2020 年，中国投资率处于较高水平，固定资产投资持续增加，且增速在“十二五”时期处于较高水平，这导致了大量资本过快形成，资本加速深化，从而降低了中国的资本产出比率。图 2 – 13 展示了中国样本期内资本劳动比率的持续上升趋势。

① 陈勇、唐朱昌：《中国工业的技术选择与技术进步：1985—2003》，《经济研究》2006 年第 9 期。

② 宫旭红、曹云祥：《资本深化与制造业部门劳动生产率的提升——基于工资上涨及政府投资的视角》，《经济评论》2014 年第 3 期。

③ 李小平、朱钟棣：《中国工业行业的全要素生产率测算——基于分行业面板数据的研究》，《管理世界》2005 年第 4 期。

④ 张军：《改革以来中国的资本形成与经济增长：一些发现及其解释》，《世界经济文汇》2002 年第 1 期。

⑤ 陈仲常、吴永球：《中国工业部门资本利润率变动趋势及原因分析》，《经济研究》2005 年第 3 期。

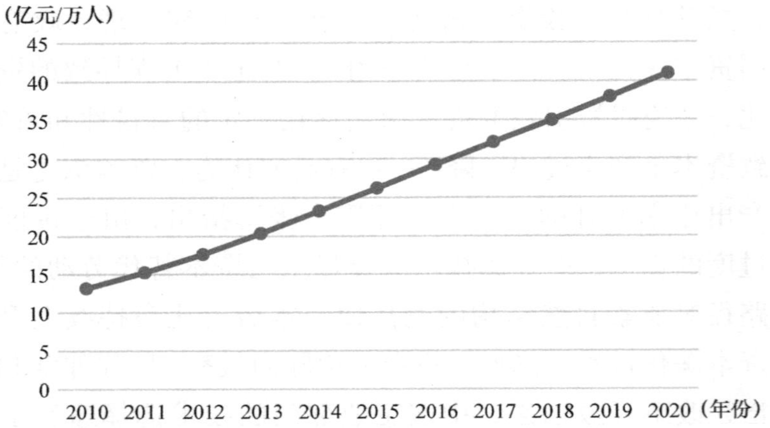

图 2-13　2010—2020 年中国资本劳动比率变化趋势

资料来源：笔者测算得到。

（2）全要素生产率下降

考虑到一个经济体的资本生产率可分解为全要素生产率和劳均资本两个重要组成部分，除了前文提到的资本劳动比率提升导致的资本深化加快，样本期内全要素生产率的下降也是资本生产效率下降的重要影响因素。经济增长不仅与资本积累有关，也受配置效率和技术效率的影响，资本生产率随资本积累而降低，随资本配置效率和技术效率的提升而增加。但在新古典增长框架下，柯布—道格拉斯生产函数中设定的资本仅反映了资本的投入，并未考虑资本配置效率和物化技术进步等因素的影响，这些因素都被归到全要素生产率中进行核算，在此背景下，全要素生产率是一个外生变量，与资本和劳动等投入要素无关。其中，投资结构是资本配置效率的重要影响因素，如果一个经济体的投资结构不合理，资本就会更多地流入到投资需求较低的行业，使真正对投资有较高需求的行业无法获得充足的资金支持，这种供给和需求结构的错配会导致资本配置效率的下降。样本期内中国投资结构失衡导致的资本配置效率下降是全要素生产率降低的重要因素。2008 年国际金融危机后，中国增加的大部分投资没有用于支持实体经济发展，而是流入了房地产行业、地方政府融资平台以及产能过剩行业，这意味着大量资本的形成是无效或低效的，资本配置效率较低。张军认为，过度投资使得大量资本沉淀在生产能力过剩的领域，从而导致资本的盈利能力恶化，这是中国资本生产率持续下降的重要原因。资本配置效率可以通过全要素生产率指标进行反映，样本期内中国全要素生产率呈下滑趋势，① 而同期中国技术在持续发展和进步，这表明全要素生产率下降主要是资本配置效率下降导致的，资本配置效率下降是我国样本期内资本产出比率上升的一个重要原因。

（3）经济周期波动

此外，由于经济体宏观经济的运行对资本和劳动等要素投入具有显著的影响，中国资本产出比率的上升也应受到经济周期波动的影响。张军用回归分析证实了改革开放以来中国资本产出比率与经济增长之间存在显著的负相关关系，说明中国经济周期的变化确实对资本生产率的变化有一定影响。② 为了验证 2010 年以来中国资本产出比率变动与经济周期波动的关系，本章将资本产出比率增长率与国内生产总值增长率同时绘入一张图中，如图 2－14 所示，二者总体呈负相关变动趋势，这表明经济增长越快，经济体对投资的需求越大，投资效率越高，因此，投资经济周期波动也是影响资本产出比率变动的重要因素之一。

---

① 具体测算见本书第七部分。

② 张军：《增长、资本形成与技术选择：解释中国经济增长下降的长期因素》，《经济学》（季刊）2002 年第 1 期。

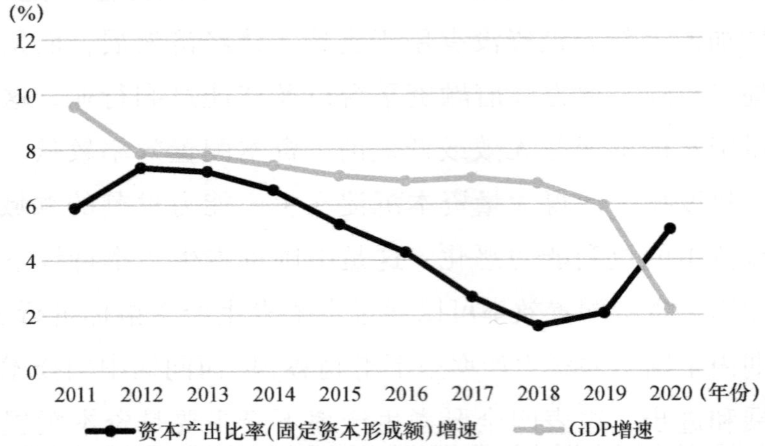

图 2-14 2011—2020 年中国资本产出比率增速与 GDP 增速变化趋势

资料来源：笔者测算得到。

（三）产业层面的资本产出比率及其变动分析

进一步对样本期内中国三次产业的资本产出比率进行测算和分析。考虑到产业结构变迁和产业内增长是影响经济增长的两个重要维度，本部分试图从产业层面出发，将中国 2010 年以来的资本产出比率增长率按照产业结构变动和产业内增长两个部分进行分解分析，剖析产业结构变动和产业内增长对资本产出比率变动的影响及其变动趋势。

1. 三次产业资本产出比率分析

三次产业资本存量的计算与第二部分的方法类似。由于统计资料中并未公布分产业的固定资本形成额数据，故采用固定资产投资数据作为当期投资数据，并按照三次产业固定资产投资所占比例对其固定资本形成额数据进行估算。受统计数据限制，分产业资本存量估算以 2003 年为基期。在基期资本存量的估算中，初始投资为2003年的投资额，以分析期初始年份2010年为1，采用固定资产投资价格指数进行平减，折旧率取2003年的数据，平均投资增长率采用2003—2008年的数据，其他参数与第二部分相同。以资本存量与平减后的分产业国内生产总值之比计算三次产业的资本产出比率。

三次产业资本存量增速变化趋势如图2－15所示。可以看到，三次产业的资本存量都在快速增加，但增速呈下降趋势。其中，第三产业资本存量最高且具有明显优势，第一产业资本存量最低；2004年以来，在中央连续发布以“三农”为主题的一号文件的背景下，第一产业资本存量快速增加，2011年开始增速稳定地超过第二、第三产业，第二产业资本存量的增速最低且下降最快。

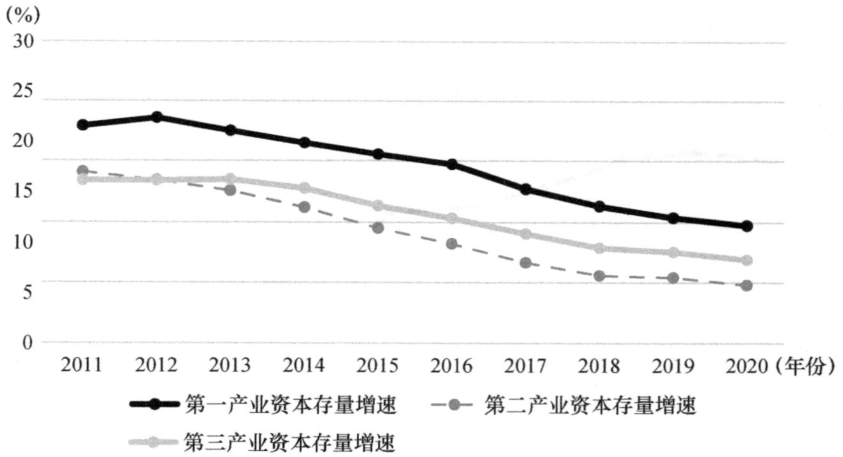

图2－15　2011—2020年中国三次产业资本存量（固定资本形成额）增速变化趋势

注：基于固定资产投资计算的资本存量变动趋势类似，不再展示。

资料来源：笔者测算得到。

三大产业资本产出比率及其增速的变动趋势如图2－16和图2－17所示。可以看到，样本期内三大产业资本产出比率均

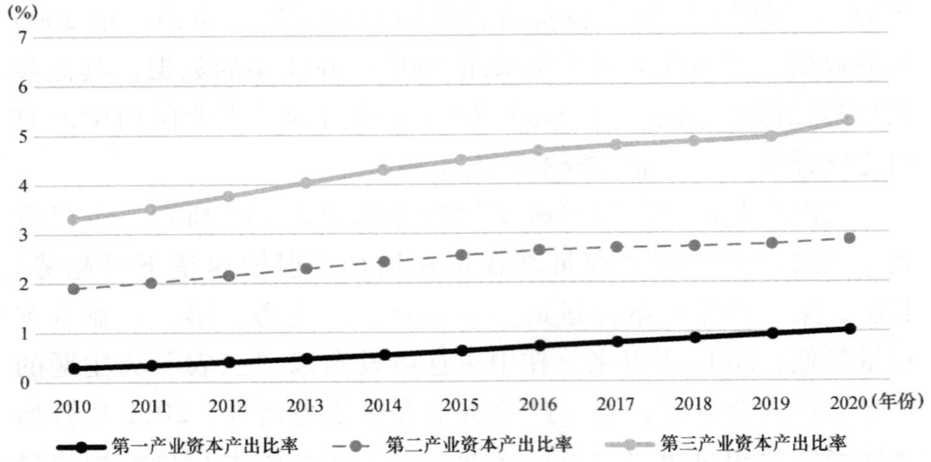

图 2-16　2010—2020 年中国三次产业资本产出比率（固定资本形成额）变化趋势

资料来源：笔者测算得到。

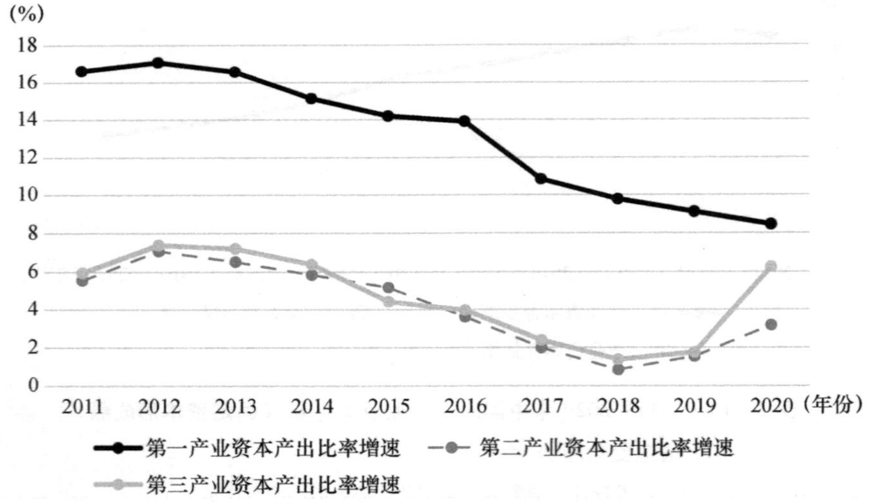

图 2-17　2011—2020 年中国三次产业资本产出比率（固定资本形成额）增速变化趋势

资料来源：笔者测算得到。

逐年上升，其中，第一产业最低，第三产业最高；从增速来看，三大产业的资本产出比率增长率总体呈下降趋势，第二产业和第三产业在2019年后开始回升，其中，第一产业增长率最高，且显著高于第二、第三产业。综上所述，样本期内，中国第三产业的资本生产率最低，第一产业的资本生产率下降最快。

2. 资本产出比率增长率分解分析

参考刘伟和张辉的研究，① 本书运用转换份额分析法对资本产出比率增长率进行分解，设经济总体的资本产出比率为 KP_t，其中，KP_t^i 代表产业 i 的 t 期资本产出比率，i 表示不同的产业部门，分别取1、2和3，代表第一产业、第二产业和第三产业，t 代表时期，S_t^i 为产业 i 第 t 期的资本所占份额。因此，总体的资本产出比率可以表示为式（2－3）：

$$KP_t = \frac{K_t}{Y_t} = \sum_{i=1}^{3} \frac{K_t^i K_t^i}{Y_t^i K_t} = \sum_{i=1}^{3} KP_t^i S_t^i \qquad (2-3)$$

进一步推导得到式（2－4）：

$$\frac{KP_t - KP_0}{KP_0} = \frac{\sum_{i=1}^{3}(S_t^i - S_0^i)KP_0^i + \sum_{i=1}^{3}(KP_t^i - KP_0^i)(S_t^i - S_0^i) + \sum_{i=1}^{3}(KP_t^i - KP_0^i)S_0^i}{KP_0} \qquad (2-4)$$

在式（2－4）中，右边第一项为静态结构变迁效应，它度量的是资本要素从资本产出比率低的产业流向资本产出比率较高的产业所引起的总体资本产出比率的净提升；第二项为动态结构变迁效应，和第一项不同，它表现了资本要素移动引起的动态效应，度量了资本从资本产出比率增长较慢的产业流向资本产出比率增长较快的产业所引起的总体资本产出比率的净提

① 刘伟、张辉：《中国经济增长中的产业结构变迁和技术进步》，《经济研究》2008年第11期。

升；第三项被称为产业内增长效应，它是由于各个产业内部的技术效率变化和技术水平变动等因素导致的各个产业内资本产出比率的增长。

基于式（2－4），对中国2011—2020年的资本产出比率增长率进行分解，如表2－1所示，进一步转化为百分比形式，如表2－2所示。可以看到，在样本期内，中国资本产出比率的提升主要是由产业内资本产出比率增长导致的，占比近90%，而产业间资本的静态和动态流动所导致的产业结构变迁影响很小，共占比10%；从“十二五”时期到“十三五”时期，静态结构变迁效应的作用有所提升，动态结构变迁效应变动不大，产业内增长效应有一定下降。同时，中国样本期内资本产出比率的提升主要来自第三产业，大约占到93%；从“十二五”时期到“十三五”时期，第一产业和第三产业的作用有所提升，受供给侧结构性调整影响，第二产业对资本产出比率上升的影响明显降低。

表2－1　　转换份额分析下资本产出比率结构变迁矩阵

	静态结构变迁效应	动态结构变迁效应	产业内增长效应	合计
2011—2015年				
第一产业	0.0009	0.0010	0.0018	0.0037
第二产业	－0.0431	－0.0147	0.1023	0.0445
第三产业	0.0649	0.0231	0.2934	0.3814
合计	0.0227	0.0094	0.3975	0.4296
2015—2020年				
第一产业	0.0010	0.0006	0.0025	0.0041
第二产业	－0.0309	－0.0036	0.0294	－0.0051
第三产业	0.0473	0.0079	0.1471	0.2023
合计	0.0174	0.0049	0.1790	0.2013

续表

	静态结构变迁效应	动态结构变迁效应	产业内增长效应	合计
2011—2020 年				
第一产业	0.0015	0.0037	0.0039	0.0091
第二产业	-0.0746	-0.0370	0.1491	0.0375
第三产业	0.1126	0.0655	0.4798	0.6579
合计	0.0395	0.0322	0.6328	0.7045

资料来源：笔者测算得到。

表 2-2 **转换份额分析下资本产出比率结构变迁矩阵** （单位：%）

	静态结构变迁效应	动态结构变迁效应	产业内增长效应	合计
2011—2015 年				
第一产业	0.2095	0.2328	0.4190	0.8613
第二产业	-10.0326	-1.4170	23.8128	10.3585
第三产业	15.1071	5.3771	68.2961	88.7803
合计	5.2840	2.1881	92.5279	100
2015—2020 年				
第一产业	0.4968	0.2981	1.2419	2.0368
第二产业	-15.3502	-0.5036	14.6051	-2.5335
第三产业	23.4973	3.9245	73.0750	100.4968
合计	8.6438	2.4342	88.9220	100
2011—2020 年				
第一产业	0.2129	0.5252	0.5536	1.2917
第二产业	-10.5891	-4.2813	21.1639	5.3229
第三产业	15.9830	9.2974	68.1050	93.3854
合计	5.6068	4.5706	89.8226	100

资料来源：笔者测算得到。

分产业来看，第一产业的结构变迁效应高于产业内增长效应，而结构效应主要表现为动态结构效应，即资本从资本产出比率增速慢的行业流入增速较快的行业，对于第一产业来说，产业间资本配置效率的下降和产业内资本生产率的下降共同推动了资本产出比率的提升；第二产业的结构变迁效应为负，表明第二产业的资本份额在下降，这主要与中国经济发展方式的转变和投资结构的调整相关，在供给侧结构性改革的背景下，第二产业的新增投资比例不断降低，逐步由规模扩张进入结构优化阶段，相比于结构变迁效应，第二产业的产业内增长效应对资本产出比率的影响更大；与第二产业类似，第三产业的产业内增长效应也高于结构变迁效应，且差距更为明显，也就是说第二产业和第三产业资本产出比率的提升主要是由产业内资本生产率的下降导致的，这种效率的下降一方面可能是资本边际报酬降低带来的，另一方面也可能是各行业间资本配置效率下降导致的。①

本部分的研究结论基本佐证了现有研究结论。基于现有研究，在发展中国家发展的不同时期，结构变迁对经济增长的作用程度存在一定差异，对于中国等发展中国家来说，在改革和发展的最初阶段，市场化改革所带来的产业结构变迁对经济增长的贡献较大，但随着市场化改革的推进，改革所带来的收益可能会逐步减少。刘伟和张辉研究发现，改革开放以来，产业结构变迁对中国经济增长的影响一度十分显著，但是随着中国市场化程度的提高，产业结构变迁对经济增长的推动作用正在不断减弱。② 本部分的研究进一步证实了这些结论，2010 年以来，产业结构变迁对资本产出比率的影响还不到 10%，产业内资本生产率的下降成为中国样本期内资本产出比率显著上升的

① 样本期内，中国各个产业的技术在持续进步，但技术进步未能抵销资本边际报酬的递减和行业间资本配置效率的降低，导致产业内增长效应为正且数值较大。

② 刘伟、张辉：《中国经济增长中的产业结构变迁和技术进步》，《经济研究》2008 年第 11 期。

首要原因。

（四）结论及政策建议

通过对中国2010年以来投资及资本产出比率的变动趋势分析，本章得出以下结论：（1）样本期内，中国投资持续增长，但增速呈下降趋势；投资在经济增长中依然发挥了重要作用，但贡献有所下降，消费、投资、出口协调拉动经济增长的局面逐渐形成；从三大产业来看，第一产业固定资产投资稳步增长，第二产业固定资产投资逐步由规模扩大向结构优化转变，第三产业固定资产投资逐年增加，且占比最高，为产业结构优化升级提供了重要支撑。（2）总体来看，样本期内中国资本产出比率加速上升，资本生产效率呈下降趋势，政府投资主导下的资本深化加速、全要素生产率下降以及经济周期波动是资本产出比率上升的重要原因。（3）从产业层面来看，样本期内中国第三产业的资本产出比率最高，第一产业的资本产出比率增速最快；从变动原因的分解来看，产业结构变迁对中国资本产出比率提升的影响较低，产业内资本生产率的下降是中国样本期内资本产出比率显著上升的重要原因，接近90%，尤其是第三产业资本生产率的下降。中国资本生产率加速下降的问题值得关注。现有研究显示，中国劳均资本存量还很低，加快资本积累仍然是我国实现经济赶超的重要手段。在投资率开始回落的背景下，必须着力提升投资效率，优化资本配置结构，提升全要素生产率，减缓资本产出比率上升的趋势，以资本积累实现经济规模扩大和发展质量提升。

基于本部分的研究，提出如下四点政策建议。

一是充分发挥市场机制，继续推进投融资体制改革。逐步减少政府对投资活动的干预，科学明晰地界定政府投资的范围，做到简政放权协同、到位，推动地方政府投融资平台的市场化转型发展，强化企业投资主体地位；发挥政府资金的杠杆和引导作用，调动社会资本积极性，完善政府和社会资本合作机制；发挥政府在营造良好投资环境中的重要作用，放宽部分垄断性行业准入限制，积极完善产权制度，推动要素市场化配置，积极破除不合理的市场管制，建设高标准市场体系，营造公平竞争环境，积极落实减税降费政策，降低企业投资成本；从企业实际需求出发创新服务方式，提升政府项目管理效率和综合服务能力，强化事前政策引导、事中事后监管约束和过程服务，加强投资审核系统的数字化改造，运用数字化手段强化投资项目监管，加快投资审批制度改革，持续优化管理流程，简化审批手续。创新融资机制，大力发展直接融资，依托多层次资本市场体系，拓宽投资项目融资渠道，充分发挥政策性、开发性金融机构积极作用，积极构建更加开放的投融资体制，加强与国际政府及金融机构、企业等主体间的多层次投融资合作。

二是优化投资结构，积极扩大有效投资。基于国家“十四五”规划，从中国的短板和弱项领域出发，针对基础设施和公共服务、生态环境、新兴产业和高技术产业等领域扩大有效投资，引导资源和要素由低效率部门向高效率部门流动，提高资源配置效率，培育经济发展新动能，加快提升产业的技术水平，为经济高质量发展提供有力支撑。积极拓展有效投资空间，基于消费升级、创新发展和民生期盼等实际需要，加大对新业态、新模式、新型基础设施及应用场景的投资。充分发挥政府在引导投资方向和撬动社会资本中的重要作用，加强对投资项目的分析和论证，科学确定不同项目的优先顺序，适度超前开展基础设施投资，鼓励企业加大技术改造投资。注重发挥多种融资方式对投资结构优化的重要作用，引导金融资本向补短板、强弱项和惠民生等国家重大项目和工程流动，鼓励各类金融资本实施战略合作，通过组合投融资方式支持企业投资发展，同时，进一步完善专项债的使用范围和机制，适度扩大专项债资金投向范围，优化专项债用作资本金机制，优化专项债使用机制，适度增加一般债的发行规模，以满足公益性项目投融资的紧迫需要。

三是进一步推动国有企业改革，引导和支持民间投资发展。国有企业的预算软约束问题使其过度投资问题突出，并导致了大量僵尸企业无法退出，持续占用金融资源，降低了资源配置效率，对中国整体投资效率具有不利影响。因此，要继续推动国有企业改革，降低国有企业预算软约束，加强对国有企业管理层的问责机制和监督机制，缓解过度投资问题，建立僵尸企业退出机制，促进资源高效流转配置。此外，要进一步鼓励、支持和引导民间投资发展。发挥政府投资的引导和带动作用，加大对传统产业更新改造的支持力度，加快培育壮大新兴产业，以政府采购、PPP 模式等途径发挥政府投资项目对民间投资的拉动作用，持续扩大民间资本规模；着力营造良好投资环境，切实保护民间投资者合法权益，保障民间投资者能够公平获取项目信息、投资机会、政府投资资金以及各类资源要素；构建更加高效便捷的融资环境，短期内继续加大对民间投资的融资政策支持，未来则要进一步深化金融体制改革，加快建立起与民营企业融资特征相适应的金融体系，大力发展地方中小民营金融机构，构建金融供给与民间融资需求相匹配的长效融资机制，为民间资本提供稳定、便捷的资金支持。

四是强化战略科技力量，持续提高全要素生产率。进一步全面深化改革，破除制约劳动、资本、能源等要素创造价值的体制机制障碍，优化资源要素配置，激发要素生产活力。继续完善以企业为主体、市场为导向、产学研深度融合的技术创新体系，充分发挥企业在创新管理、提质增效中的主体作用，充分调动企业的积极性和创造性。完善科技人才培育机制，营造良好的创新创业氛围。提高科技项目管理机制的便利性，建立科技研发容错机制，降低科研人员在关键核心技术攻关中的后顾之忧。进一步加大对基础研究的支持力度，充分发挥社会主义市场新型举国体制在关键核心技术攻关优势的作用，突出关键共性技术、前沿引领技术和颠覆性技术创新，分阶段、有重点地突破核心技术与关键技术。继续完善科技成果转化机制，加速科技成果转化为现实的生产力。加强创新链与产业链、资金链、人才链融合发展，基于产业链薄弱环节加强基础研发和人才资金配套，发挥科技创新对产业转型升级的重要作用，加快产业数字化转型，倒逼产业链、价值链重组，提升产业技术效率。深化国际交流与合作，提升使用全球创新资源的能力，鼓励政府间、产学研间跨境合作，积极引进国外一流科技人才，并积极改善其在华工作生活的政策环境，打造开放创新合作区域高地。

三　劳动生产率分析

提高劳动生产率是一个国家或地区增加经济总产出的必要手段。在新的发展阶段和新发展格局下，全面贯彻新发展理念，提高劳动生产率是促进经济高质量发展，走向共同富裕的重要途径之一。

（一）中国的劳动生产率

劳动生产率是指单位劳动投入带来的产出，经济增长的主要动力在于劳动生产率的提高，劳动生产率是反映经济增长质量的重要指标，表征劳动的投入产出效果，其值的高低大小在很大程度上决定了工薪阶层的劳动报酬，对消费、投资的可持续发展具有深刻的影响。另外，劳动生产率反映了生产力的发展水平，对于经济结构的调整也具有较强的指导作用。

党的十八大以来，中国统筹推进“五位一体”总体建设，经济增长进入高质量发展阶段，劳动生产率虽然仍是快速增长，但其增长率呈下降态势。2010 年劳动生产率是 54250 元/人，2015 年和 2021 年分别是 79056 元/人和 115162 元/人（2010 年价），2011—2015 年和 2016—2021 年的年均增长率分别是 7.82% 和 6.47%，2011—2021 年的年均增长率是 7.08%，2016—2021 年的劳动生产率增长率已高于 GDP 增长率（见表 3 - 1），这说明劳动效率提高了，反映出劳动者素质、管理和科技等水平的提升，以及中国产业链由中低端逐步向中高端发展。《中华人民共和国国民经济和社会发展第十四个五年规划和2035年远景目标纲要》提出了“全员劳动生产率增长高于国内生产总值增长”的目标，2016—2021年已经实现，中国提前实现了“十四五”规划提高劳动生产率的目标。

表3－1　**劳动生产率**　（单位：元/人，%）

	总体	第一产业	第二产业	第三产业
绝对数（2010年价）				
2010年	54250	13527	89290	69769
2011年	59288	14718	95585	74494
2012年	63888	16084	100447	78756
2013年	68802	17587	107060	82085
2014年	73865	19552	115140	83874
2015年	79056	21436	123293	86994
2016年	84528	22905	132946	90981
2017年	90556	24461	143566	95944
2018年	96963	26199	155189	100794
2019年	103148	28168	164772	105640
2020年	106073	30445	168288	106490
2021年	115162	34119	179911	114553
增长率				
2011—2015年	7.82	9.65	6.67	4.51
2016—2021年	6.47	8.05	6.50	4.69
2011—2021年	7.08	8.77	6.58	4.61

资料来源：笔者根据公开资料计算所得。

从三次产业劳动生产率的绝对数看，第二产业的劳动生产率最高，第三产业次之，第一产业最低。2010年第一产业、第二产业和第三产业的劳动生产率分别是13527元/人、89290

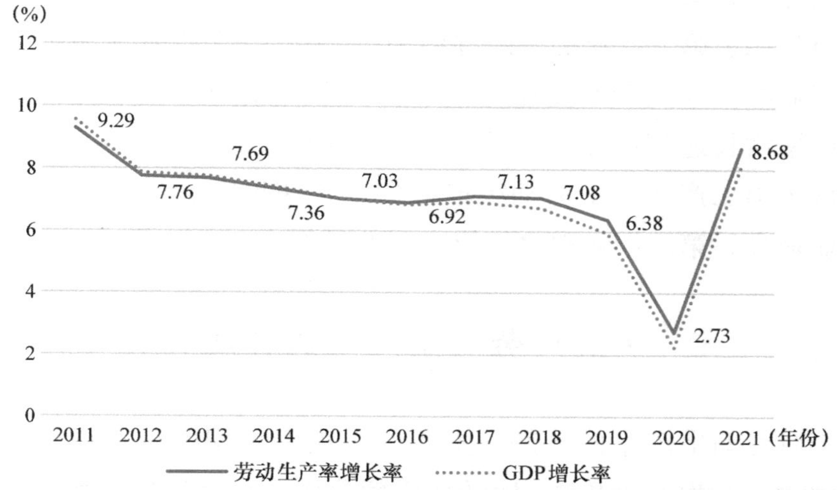

图 3－1　2011—2021 年中国劳动生产率增长率与 GDP 增长率

资料来源：笔者根据公开资料计算所得。

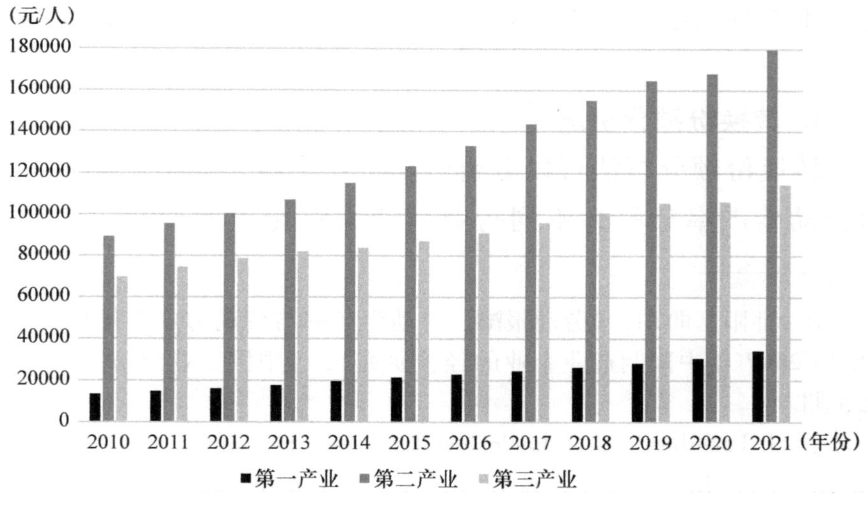

图 3－2　三次产业劳动生产率（2010 年价）

资料来源：笔者根据公开资料计算所得。

元/人和 69769 元/人，第二产业分别是第一产业和第三产业的 6.60 倍和 1.28 倍；2021 年，三次产业的劳动生产率分别是 34119 元/人、179911 元/人和 114553 元/人（2010 年价），第二产业分别是第一产业和第三产业的 5.27 倍和 1.57 倍，第一产业与第二、第三产业的差距逐渐缩小，图 3 - 2 直观地显示了三次产业的劳动生产率差距。可以看出在此期间第一产业的劳动生产率增长速度高于第二产业和第三产业，第三产业的增长速度低于第二产业。从劳动生产率的增长速度看，历年均是第一产业最高，第二产业次之，第三产业最低。

（二）劳动生产率的分解

对劳动生产率的分解，不同的角度有不同的分析方法，目前常用的有生产函数法、① 转换份额分析法（又称作偏离份额分析法，Shift-Share Analysis）、② 随机前沿模型分解法③等，因数据处理方法、研究时期和研究方法不同，分析结果存在较大差异。本部分采用生产函数法和转换份额分析法分解劳动生产率。

1. 转换份额分析法

转换份额分析法可以分析劳动生产率增长的来源。该方法将劳动生产率分解为不同行业就业人员比重的变化、不同行

① 都阳、曲玥：《劳动报酬、劳动生产率与劳动力成本优势——对 2000—2007 年中国制造业企业的经验研究》，《中国工业经济》2009 年第 5 期。

② J. Fagerberg，"Technological Progress，Structural Change and Productivity Growth：A Comparative Study"，*Structural Change and Economic Dynamics*，Vol. 11，No. 4，2000；刘伟、张辉：《中国经济增长中的产业结构变迁和技术进步》，《经济研究》2008 年第 43 期；吴继英、赵喜仓：《偏离—份额分析 Esteban 模型及其在劳动生产率分析中的应用》，《数量经济技术经济研究》2011 年第 2 期。

③ 余康、郭萍、章立：《我国农业劳动生产率地区差异动态演进的决定因素——基于随机前沿模型的分解研究》，《经济科学》2011 年第 2 期。

业劳动生产率的变化以及二者变化的乘积三部分，以此分析劳动生产率的增长是因为技术进步还是因为就业结构变化造成的。

设经济总体的劳动生产率为 LP，GDP 代表地区生产总值，L 代表劳动就业人数，ω_i 表示第 i 产业就业人数占全部就业人口的比重，即就业结构。则 t 时期总体劳动生产率为：

$$LP^t = GDP^t / L^t = \sum_{i=1}^{n} GDP_i^t \cdot L_i^t / (L_i^t \cdot L^t)$$

$$= \sum_{i}^{n} LP_i^t \cdot \omega_i^t \qquad (3-1)$$

其中，LP_i^t 为第 i 产业 t 时期的劳动生产率。根据式（3－1）可以推知 t 期的总体劳动生产率相对于 0 期的增长率为：

$$\frac{LP^t - LP^0}{LP^0} = [\sum_{i}^{3} LP_i^0 \cdot (\omega_i^t - \omega_i^0) + \sum_{i}^{3} (LP_i^t - LP_i^0) \cdot \omega_i^0 + \sum_{i}^{3} (LP_i^t - LP_i^0) \cdot (\omega_i^t - \omega_i^0)] / LP^0 \qquad (3-2)$$

式（3－2）右边第一项是结构效应，亦称“丹尼森效应”，代表劳动要素从劳动生产率较低的产业流向劳动生产率较高的产业所引起的总体劳动生产率的净提升，即就业结构变动带来的生产率变化；第二项被称为劳动生产率增长效应，在就业结构不变时，总体劳动生产率受各产业劳动生产率提高的影响，是纯生产率效应；第三项是各行业劳动生产率变化和结构变化相互作用对整体劳动生产率的影响，称为交互效应，亦称“鲍默效应”。

（1）计算结果分析

根据式（3－2）计算出中国经济总体和三次产业的结构效应、交互效应和劳动生产率增长效应及其贡献率（见表 3－2）。

从表 3 - 2 中可以看到，2011—2021 年，中国劳动生产率的增长主要来自劳动生产率增长效应，其次为结构效应，第三为交互效应，三个效应的贡献分别是 81.61%、12.60% 和 5.79%。从三次产业来看，则又各不相同。

第一产业的结构效应是负值，因为农村劳动力不断从农业部门迁移出来，就业比重是下降的，即就业比重增长是负值。不过，与结构效应相比，第一产业的劳动生产率增长效应更显著，即第一产业的就业比重下降 1%，导致整体经济劳动生产率的增长大于 1%。这也就说明了第一产业内部变革和技术进步共同推动了劳动生产率的提升。

第二产业的结构效应是正值，但远远低于第二产业劳动生产率增长效应。随着中国经济进入工业化、智能化的发展，第二产业的就业比重先提高后下降。与此同时，第二产业的劳动生产率增长效应取决于产业内技术效率变化和技术进步等因素，而不是产业间要素的优化配置。也就是说，第二产业劳动生产率的增长主要因内部的技术进步而导致，而非结构变迁导致资源配置效率的提高。

第三产业的结构效应显著。因为第三产业吸纳了大量从第一产业流出的劳动力，年均就业人数从 2011 年的 26759 万人增加到 2021 年的 35837 万人，就业比重从 35.14% 提高到 47.87%。农村剩余劳动力从劳动生产率较低的第一产业流向劳动生产率较高的第三产业，提升和优化了中国资源配置效率，也引起了经济总体劳动生产率的提升。从第三产业三种效应的对比来看，生产率增长效应远远大于结构效应，交互效应最小，第三产业劳动生产率的增长主要是生产率的增长效应，与第一产业和第二产业相比，三种效应共同促进了第三产业劳动生产率的提高。说明资源配置效率、技术进步和技术效率的提高共同促进了第三产业劳动生产率的提高。

表 3－2　　2011—2021 年中国劳动生产率增量的分解

	总量	第一产业	第二产业	第三产业
结构效应	0.1491	－0.0353	0.0105	0.1739
结构效应贡献率	12.60%	－2.98%	0.89%	14.69%
交互效应	0.0686	－0.0538	0.0107	0.1116
交互效应贡献率	5.79%	－4.54%	0.90%	9.43%
增长效应	0.9660	0.0882	0.4826	0.3952
增长效应贡献率	81.61%	7.45%	40.77%	33.39%
总计	1.1837	－0.0009	0.5039	0.6807
贡献率	100%	－0.07%	42.57%	57.51%

资料来源：笔者根据《中国统计年鉴》数据计算并采用四舍五入得到。

从三次产业劳动生产率增长对总体劳动生产率增长的贡献看，主要是第三产业的劳动生产率的增长，达到57.51%，第二产业次之，第一产业劳动生产率增长的贡献为负，源自第一产业结构效应和交互效应均为负数，绝对值大于纯生产率的值。

（2）不同年份的效应分析

图 3－3 显示了 2011—2021 年的经济总体三种效应的贡献率。2011—2021 年，均是生产率增长效应对劳动生产率增长的贡献最大，结构效应的贡献较小，交互效应的贡献微乎其微，

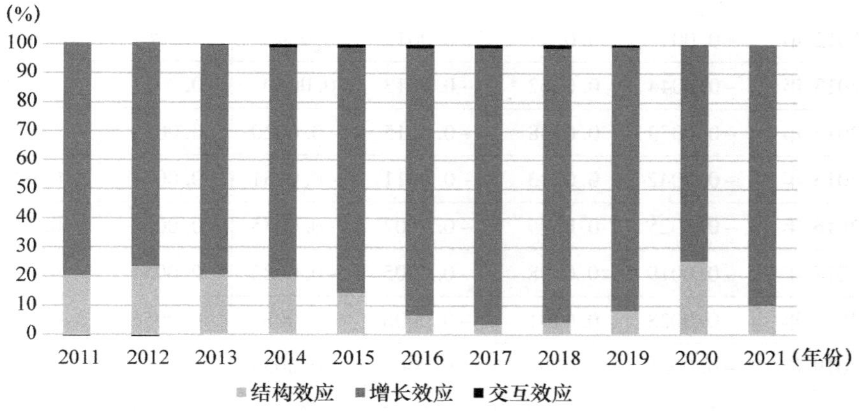

图 3－3　经济总体三种效应的贡献率

资料来源：《中国统计年鉴》。

说明中国劳动生产率的增长主要源自技术进步和技术效率的提高，资源配置的作用较小。2011—2017 年，结构效应的贡献在逐年降低，尤其是2015 年以后迅速下降，是因为随着工业化的进程加速和智能化的快速发展，第二产业的就业比重在下降，而第二产业的劳动生产率高于第三产业，即劳动力从劳动生产率高的部门流向劳动生产率低的部门，结构效应的作用在降低，资源配置没有起到应有的作用。

根据表 3 - 3，2011—2021 年第一产业的结构效应均为负值，说明在工业化的进程中，农业剩余劳动力持续地向第二产业和第三产业转移，第一产业的就业比重持续下降。同时，由于第一产业的劳动生产率增长率大于零，说明增长效应大于结构效应，由于技术进步引起的劳动生产率增长大于结构变迁导致的劳动生产率的降低，劳动生产率的增长是技术进步和技术效率共同提高的结果。

表 3 - 3　　2011—2021 年第一产业和第二产业的三种效应

	第一产业			第二产业		
	结构效应	增长效应	交互效应	结构效应	增长效应	交互效应
2011 年	-0.0042	0.0347	-0.0016	0.0146	0.0062	0.0002
2012 年	-0.0040	0.0277	-0.0012	0.0142	0.0067	0.0002
2013 年	-0.0044	0.0262	-0.0013	0.0059	0.0071	0.0001
2014 年	-0.0053	0.0238	-0.0015	-0.0020	0.0087	0
2015 年	-0.0042	0.0213	-0.0011	-0.0051	0.0077	-0.0001
2016 年	-0.0025	0.0199	-0.0007	-0.0075	0.0056	-0.0001
2017 年	-0.0019	0.0198	-0.0005	-0.0083	0.0054	-0.0001
2018 年	-0.0023	0.0191	-0.0006	-0.0084	0.0056	-0.0001
2019 年	-0.0026	0.0167	-0.0006	-0.0038	0.0058	0
2020 年	-0.0029	0.0069	-0.0003	0.0041	0.0063	0.0001
2021 年	-0.0027	0.0210	-0.0008	0.0075	0.0097	0.0002

资料来源：笔者根据公开资料计算所得。

从第二产业的三种效应变化情况看，2011—2012 年，结构效应大于增长效应，2013 年结构效应小于增长效应，说明在此期间存在“结构红利”，第二产业劳动生产率的增长主要依赖结构效应，即资源的优化配置起了主要作用；随着工业化的快速发展和数字技术的普遍应用，第二产业的就业人数开始减少（始于 2014 年），结构效应开始为负，增长效应的作用越来越大，第二产业劳动生产率的增长开始依赖增长效应。2020—2021 年结构效应在迅速提高，是因为新冠疫情需要大量抗疫物资，中国制造业迅速投入大量人力生产抗疫物资，短期内结构效应迅速攀升，从而也说明在国民经济中保持一定的制造业是必需的，尤其是中国这样的人口大国。从整个时段看，第二产业劳动生产率的增长依赖增长效应，即技术进步和技术效率的提高促进了第二产业劳动生产率的提高，资源配置效率所起的作用较小。

图 3－4 展示了第三产业三种效应贡献率的变化情况。虽然增长效应的贡献率呈波动状态，但第三产业劳动生产率的增长依然主要源自技术进步和技术效率的提高，资源配置所起的作用较小，结构效应的贡献率最大也只有 36.38%（2014 年）。当

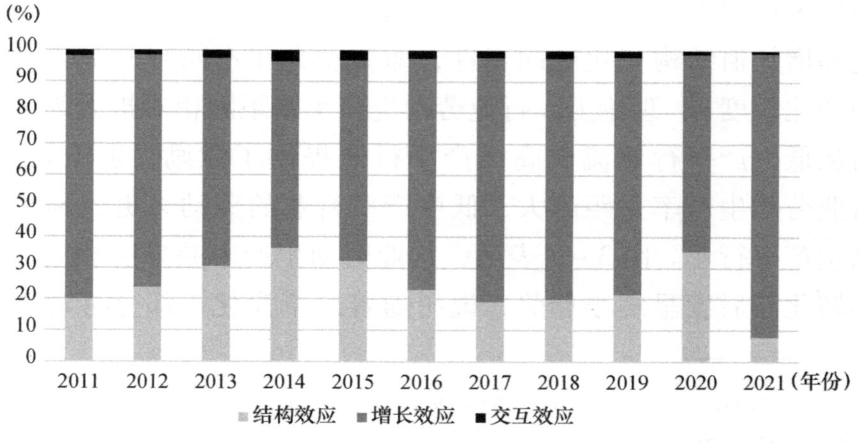

图 3－4 第三产业的三种效应贡献率

资料来源：笔者根据公开资料计算所得。

一个产业的结构效应的贡献率大于50%，说明这个产业内的劳动生产率增长不是由产业内技术进步和技术效率变化导致的，而主要是由资源的优化配置所导致。① 显然，2011 年以来第三产业劳动生产率的提高不是由资源优化配置所导致，在第三产业内部优化资源配置，还有较大空间。

（3）资本深化和劳动生产率增长

2010 年以来，纯生产率效应在劳动生产率增长中占据主要位置，其他两种效应对劳动生产率增长的贡献有限，尤其是结构效应，并没有因要素流动性增强而出现显著增加。那么劳动生产率增长的这种模式是因何种机制而形成的？因为鲍默效应贡献较小，这里主要分析生产率增长效应和结构效应。

结构效应代表了劳动力在行业间重新配置而引致的劳动生产率变化，分析此效应必须同时观察不同行业劳动生产率和就业结构的变化趋势。图3－5 给出了2010—2021 年的行业劳动生产率差异度和就业结构转化滞后度，其中行业劳动生产率差异度，是非农产业的劳动生产率和第一产业的劳动生产率之比（不变价格条件下），反映了时序意义上不同行业劳动生产率的相对变化；就业结构转化滞后度，是用第一产业就业占比和增加值占比的差除以第一产业增加值占比，反映了劳动力结构变化和增加值结构变化的同步性，即劳动力在不同行业配置结构的变化程度。② 理论上，行业劳动生产率差距的相对扩大为劳动力从低生产率行业流向高生产率行业提供了激励，也就是说，行业劳动生产率差距越大，低生产率行业的劳动力更容易流向高生产率行业。图 3－5 表明，行业劳动生产率差异度和就业结构转化滞后度呈缩小趋势，说明随着改革深化，部分劳动力从

① 刘伟、张辉：《中国经济增长中的产业结构变迁和技术进步》，《经济研究》2008 年第 11 期。

② 高帆：《中国劳动生产率的增长及其因素分解》，《经济理论与经济管理》2007 年第 4 期。

第一产业流转到第二、第三产业的交易成本在降低，就业结构变化和增加值结构变化之间的紧张关系在降低。

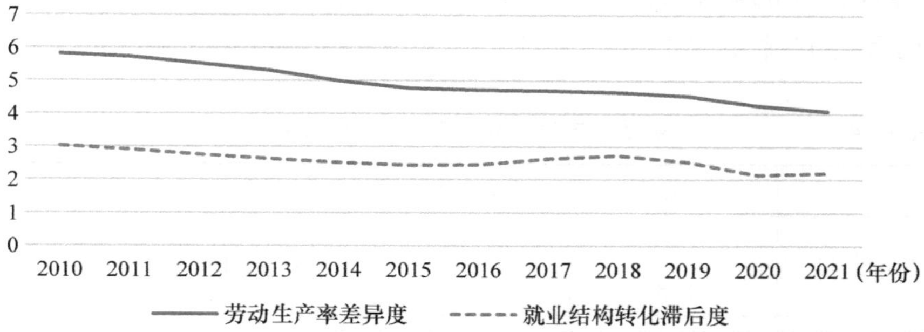

图 3－5　行业劳动生产率差异度和就业结构转化滞后度

资料来源：笔者根据公开资料计算所得。

纯生产率效应主要依靠行业内部生产率的提高而实现，行业劳动生产率提高在本质上取决于分工水平提高、分工组织演进，因为分工可以通过提高劳动熟练程度、加快机械和技术发明以及加速知识积累、加强管理等提高劳动生产率。分工演化对行业劳动生产率提高的作用主要体现为生产中的个人专业化程度提高、迂回生产程度提高和中间产品种类数增加，这些均表现为生产中的资本有机构成提高或资本深化。因此行业劳动生产率的提高是一个分工演化和资本深化的过程。2010 年以来，中国纯生产率效应在劳动生产率增长中占据主要地位，说明生产的资本有机构成在不断提高，每个劳动者承载的资本量在不断扩大，劳均资本存量的增加在很大程度上可以解释纯生产率效应对劳动生产率增长的显著贡献。① 表 3－4 列出了劳动生产率和劳均资本的回归关系（不考虑其他因素的情况下），无论是简单回归还是指数回归，劳均资本都能对劳动生产率进行很好

① 高帆：《中国劳动生产率的增长及其因素分解》，《经济理论与经济管理》2007 年第 4 期。

的解释，均在1%水平上显著，解释变量系数为正，说明劳均资本上升会提高劳动生产率。这说明，资本深化对劳动生产率变动具有很强的解释力，劳均资本和资本深化在很大程度上决定着劳动生产率的增长。

表3-4 劳动生产率和劳均资本的回归关系

	常数项	劳均资本存量	R^2	调整 R^2
简单回归	2.9765***	0.1902***	0.9981	0.9979
	38.54	73.08		
指数回归	0.1091**	0.6070***	0.9943	0.9937
	2.29	41.76		

注：***、**分别表示在1%、5%的水平上显著。

资料来源：笔者计算。

2. 生产函数法

从目前的研究文献看，教育、资本深化和技术进步对劳动生产率均有显著影响，① 随着中国人口老龄化程度的加深，老龄化也显著影响劳动生产率。② 蔡昉认为提高劳动生产率的途径有三条：③ 一是提高资本劳动比，即用投入资本品的方式替代劳

① 都阳、曲玥：《劳动报酬、劳动生产率与劳动力成本优势——对2000—2007年中国制造业企业的经验研究》，《中国工业经济》2009年第5期；吴昊：《中国城市劳动生产率影响因素研究——基于286个城市数据面板分析》，《经济经纬》2017年第1期；陈梦根、侯园园：《中国行业劳动投入和劳动生产率：2000—2018》，《经济研究》2021年第5期。

② 江鑫、黄乾：《劳动生产率呈倒"U"型变化趋势的人口老龄化因素分析》，《当代经济研究》2019年第3期；冯剑锋、陈卫民、利珍：《中国人口老龄化对劳动生产率的影响分析——基于非线性方法的实证研究》，《人口学刊》2019年第2期。

③ 蔡昉：《生产率、新动能与制造业——中国经济如何提高资源重新配置效率》，《中国工业经济》2021年第5期。

动，因此也被称作资本深化。这种替代受到资本报酬递减规律的制约，当机器设备增加到一定程度后，投入的资本回报率会下降。所以，不能无限制地靠提高资本劳动比来提高劳动生产率。二是改善劳动者的人力资本禀赋，以提高按照劳动者人数计算的产出能力。人力资本的改善需要教育水平的提高、继续教育和职业培训，难以一蹴而就，需要长期的努力。三是提高既定要素投入的配置效率，即全要素生产率。可见，在短期内不能改善人力资本和提高全要素生产率的情况下，的确可以通过加快资本对劳动的替代，在统计意义上提高劳动生产率。由于资本报酬递减规律的存在，没有技术进步支撑的劳动生产率，既不能改善企业和经济总体的竞争力，也不能提高经济增长潜力，会导致实际增长率的进一步下降。

假设规模报酬不变的生产函数为：

$$Y = A_i K^{\alpha} L^{1-\alpha} \tag{3-3}$$

则劳动生产率为：

$$APL = \frac{Y}{L} = A_i K^{\alpha} L^{-\alpha} \tag{3-4}$$

式中 APL 为劳动生产率，对式（3－4）取对数：

$$\ln APL = \alpha \ln \frac{K}{L} + A_i \tag{3-5}$$

其中，Y 为经济总量，一般用 GDP 表示，K、L 分别为资本和劳动，α 为资本的产出弹性，$(1-\alpha)$ 为劳动产出弹性，$\frac{K}{L}$ 为劳均资本存量，表示资本深化，A_i 为影响因素，包括教育水平、老龄化和技术进步等，教育水平用就业人员的平均教育年限表示，根据《中国人口与就业统计年鉴》计算得到；老龄化用 65 岁及以上人口占总人口的比重表示，数据来自 2021 年的《中国统计年鉴》；技术进步用第七章计算的全要素生产率增长率表示，研究时期为 2010—2020 年。运用“OLS－稳健标准误”法对式（3－5）进行回归，方程均通过了稳健性检验，拟合效果较好，回归结果见表 3－5。

表 3－5　　　　劳动生产率的影响因素

	模型 1			模型 2	
	系数	T 值		系数	T 值
常数项	9.4131***	47.56	常数项	9.8980***	47.06
平均教育年限	0.1354***	5.82	平均教育年限	0.1040***	5.50
资本深化	0.0197***	14.98	资本深化	0.0261***	11.11
技术进步	0.0028	0.82	老龄化	－0.0311**	－3.47
R^2	0.9981		R^2	0.9991	
F	2983.16		F	47616.30	

注：*** 表示在 1% 的水平上显著。

资料来源：笔者计算。

资本深化显著提高劳动生产率。劳均资本提高 1%，劳动生产率提高 2% 左右。吴昊的研究结果表明资本深化能显著提高城市的劳动生产率。① 虽然 2010 年以来资本深化的速度在降低，但 2020 年劳均资本是 2010 年的 3.11 倍，随着资本深化的加速，资本产出比也在快速增加，从 2010 年的 2.39 提高到 2020 年的 3.14，使得资本的边际报酬递减过快，产出增长率在下降；随着工业部门的资本深化过快，资本正在挤出劳动，这将导致第二产业所能带动的就业份额不断下降，② 2014 年开始第二产业的就业人数在下降，说明资本深化已经挤出劳动，因此不能无限制地提高劳均资本存量。

教育水平显著提高劳动生产率。平均教育年限提高 1 年，劳动生产率的提高超过 10%。2020 年中国就业人员平均教育年

① 吴昊：《中国城市劳动生产率影响因素研究——基于 286 个城市数据面板分析》，《经济经纬》2017 年第 1 期。

② 刘伟、张辉：《中国经济增长中的产业结构变迁和技术进步》，《经济研究》2008 年第 11 期。

限是 10.30 年，[①] 与 2010 年相比提高了 1.24 年。中国低学历的就业人员比重虽然在下降，但 2010 年以来就业人员中初中占比及以下仍然超过 60%（见表 3-6），是就业人员的主力军。都阳和曲玥的研究结果表明，制造业职工的教育水平从高中提高到大专、大专提高到本科生两个阶段的变化对劳动生产率的拉动作用最大。[②] 在提高劳动生产率方面，提高教育年限的潜力还很大。另外，从经济发展和人口素质关系来看，具有科技素养的人口占比越高经济往往越发达，尤其是研发人员占比是重要的衡量指标。根据 2021 年的《中国科技统计年鉴》，2019 年每万名就业人员中从事研发活动的人员：丹麦 207 人、韩国 194 人、比利时 191 人、瑞典 178 人、英国 148 人、俄罗斯 105 人，2020 年中国只有 70 人，差距较大。

表 3-6　　就业人员受教育程度构成　　（单位：%）

	未上过学	小学	初中	高中	大学专科	大学本科	研究生及以上
2010 年	3.4	23.9	48.8	13.9	6.0	3.7	0.39
2015 年	2.8	17.8	43.3	17.3	10.6	7.5	0.7
2020 年	2.4	16.3	41.7	17.5	11.3	9.8	1.1

资料来源：《中国人口与就业统计年鉴》。

老龄化显著抑制劳动生产率的提高。老龄化提高 1%，劳动生产率下降 3.11%。随着中国人口老龄化的加剧，老年人口占比越来越大，社会总体劳动参与率降低，将会降低整个社会的劳动生产率。同时老年人的创新能力和接受新知识的能力低于

① 平均教育年限 = 小学生比例 · 6 + 初中生比例 · 9 + 高中生比例 · 12 + 大专生比例 · 15 + 本科生比例 · 16 + 研究生比例 · 19。

② 都阳、曲玥：《劳动报酬、劳动生产率与劳动力成本优势——对 2000—2007 年中国制造业企业的经验研究》，《中国工业经济》2009 年第 5 期。

年轻人，进而降低社会整体的创新能力和知识创造能力，影响社会经济的高质量发展。随着智能化、数字化的发展，大部分行业中的岗位，尤其是新兴行业对就业者的技能有了更高的要求，老年人群体更加难以胜任。同时，人口老龄化伴随着劳动力供给下降，带来劳动成本的迅速上涨；降低消费能力，造成总需求萎缩，并大幅增加医疗、养老支出，引发产业竞争力下降，制约经济增长，从而降低劳动生产率。

（三）劳动生产率的国际比较

与世界主要经济体比较发现（见表3－7），虽然中国劳动生产率水平较低，但增长速度远远高于美日等发达国家，反映了中国经济活力较强，增长潜力较大。与其他经济体相比，中国劳动生产率具有以下特点。

第一，中国劳动生产率仍然较低。2021 年劳动生产率最高的是美国，高达 134363 美元（2017 年不变价，PPP 美元），世界平均水平、高收入国家和中等收入国家分别是 41353 美元、105079 美元和 29437 美元，中国劳动生产率只有 32976 美元，分别只有世界平均水平、高收入国家、中等收入国家和美国的 79.74%、31.38%、112.02%和24.54%，明显偏低。

第二，从金砖国家的劳动生产率看，中国不仅低于俄罗斯还低于巴西，2021 年只有俄罗斯的 55.09%。从增长速度看，2011—2021 年中国最高，印度次之，俄罗斯和巴西较低，分别只有 1.89%和0.88%。尽管如此，中国还迫切需要大力提高劳动生产率。

第三，中国劳动生产率提高较快。2010 年，中国劳动生产率是 16123 美元，只有美国的 13.58%，世界平均水平的 49.24%。经过 11 年的发展，中国与世界平均水平及发达国家的差距不断缩小，2021 年中国劳动生产率达到世界平均水平的

79.74%，提高了30多个百分点。从劳动生产率的增长速度看，2011—2021年世界平均水平是2.14%，高收入国家是0.82%，中等收入国家是3.68%，美国是1.13%，印度是5.13%，中国是6.72%，中国的增长速度远远高于其他经济体。

比较2019年和2021年的数据可以发现，因新冠疫情的影响，日本、德国、法国、英国等国家的劳动生产率下降。德国、法国、英国三国的劳动生产率在2016—2021年的年均增长率为0.2%，说明这些国家的经济增长陷于停滞，可能是世界经济形势的发展对这些国家的经济发展影响较大。

表3-7　**劳动生产率国际比较（2017年不变价，PPP美元）**

	2010年	2015年	2019年	2021年
中国	16123	22946	29446	32976
俄罗斯	48697	52677	56966	59854
印度	12106	16217	19990	20991
巴西	33382	34071	33832	36748
日本	77710	80651	78690	77271
加拿大	87324	92296	94256	94267
美国	118758	123705	127969	134363
德国	98453	102720	104313	104026
法国	100394	105727	110593	107114
英国	88855	91936	94572	93281
高收入国家	96078	100500	103281	105079
中等收入国家	19790	24073	27720	29437
世界平均水平	32744	36587	39870	41353

注：世界银行的数据库每年都在对以前年度的数据进行更新，故从2022年世界银行WDI数据库得到的有关指标，与2021年世界银行WDI数据库得到的有关指标的数值有差异。

资料来源：世界银行WDI数据库。

（四）提高劳动生产率的困难和政策建议

1. 提高劳动生产率面临的困难

从前文的分析中可以看出，中国的劳动生产率很低，而要提高劳动生产率面临以下困难。

第一，教育水平低。根据联合国开发计划署《人类发展报告》（*Human Development Report*）2020 年版，2019 年中国劳动人口平均受教育年限为 8.1 年，低于世界平均水平的 8.5 年，也低于高人类发展水平（High Human Development）的 8.4 年（中国位于高人类发展水平组别），在同组别的 53 个国家中，中国位列第 44 名，人均 GDP 位列第 10 名（PPP 国际元），经济发展与教育发展水平极其不相当。例如，乌兹别克斯坦人均 GDP 只有中国的 44.48%，但人均受教育水平比中国高 3.7 年。中国就业人员中初中水平及以下的在60%以上（见表3－6），是就业人员主力。但初中毕业难以满足智能化、数字化的需要，随着数字社会的到来，机器人代替工人是大势所趋，只有至少具有高中学历、具备现代化知识储备的年轻一代才能适应飞速发展的社会需求。并且，由于产业升级和数字化的推广，对技工要求不断提高，没有高中毕业的年轻人，也不可能成为合格的职业技工人才。

第二，就业人员结构不合理，大量就业人员滞留在第一产业。三次产业中第一产业的劳动生产率最低，2021 年第一产业增加值占 GDP 比重是 7.27%，就业人员占总就业人员比重是 22.87%，与世界第一产业占比相似的国家相比，第一产业就业人员偏高。2019 年，马来西亚、阿根廷、土耳其和乌克兰第一产业增加值占 GDP 的比重与中国不相上下（见表 3－8），就业比重远远低于中国，虽然土耳其的就业比重较高，也比中国低 7 个百分点。高收入国家的人口和劳动力结构以高度非农化和城市化为特征，纵观高收入国家的农业劳动力比重大部分低于

3%，城市化率在80%左右。2021年年底中国第一产业劳动力人数是17072万人，也就是说至少有一亿的就业人员可以转移到第二产业或第三产业，这将会极大提高劳动生产率。2021年中国常住人口城镇化率达到64.72%，中国还有较大的提升空间。

表3－8　2019年不同国家第一产业增加值和就业比重　（单位：%）

	增加值比重	就业比重
中国	7.1	25.4
马来西亚	7.3	10.4
阿根廷	7.2	0.1
乌克兰	9.0	14.5
土耳其	6.4	18.4

资料来源：世界银行WDI数据库。

第三，“未富先老”不利于经济增长。人口老龄化是社会发展的必然趋势，是人类文明进步的体现。发达国家是经济发展到一定水平后才进入人口老龄化社会，属于“先富后老”，但中国是“未富先老”，老年人口占比7%时，中国人均GDP只有日本的一半。“未富先老”的状况极其不利于经济增长。从长期看，老龄化影响劳动供给结构，降低劳动参与率，减少劳动力供给并降低劳动力质量、提高了劳动力成本，同时人口老龄化降低储蓄和国内消费能力、降低资本积累，通过改变资本—劳动要素禀赋结构从而影响创新，严重影响劳动生产率、经济增长和经济增长质量。①

① 冯剑锋、陈卫民：《我国人口老龄化影响经济增长的作用机制分析：基于中介效应视角的探讨》，《人口学刊》2017年第4期；张季风、邓美薇：《人口老龄化、技术创新对经济增长质量的影响——基于中日两国的比较分析》，《日本问题研究》2019年第1期；刘成坤、林明裕：《人口老龄化、人力资本积累与经济高质量发展》，《经济问题探索》2020年第59卷第7期；逯进、李婷婷、张晓峒：《储蓄、老龄化与经济增长》，《西安交通大学学报》（社会科学版）2021年第6期。

2. 政策建议

根据国际货币基金组织（IMF）的数据，2020 年中国经济总量占世界经济总量的比重是 17.38%，美国是 24.72%，中国比美国低 7.34 个百分点；而中国的人均 GDP 只有美国的 16.52%，作为世界第二大经济体，中国的劳动生产率不足美国的 1/4，为了实现第二个百年奋斗目标和共同富裕，中国必须提高劳动生产率，并且中国劳动生产率还有很大的提升空间。提高劳动生产率，提高中国经济潜在增长率，壮大中国经济总量，促进共同富裕，是当前的重要命题，也是必须完成的重要任务之一。

第一，提升人口素质，促进人才红利发力。教育公平是最大的社会公平，也是实现共同富裕的基本路径之一。大力促进教育公平，延长义务教育年限，提高基础教育投入，提高人口素质，实现党的十九大指出的“努力让每个孩子都能享有公平而有质量的教育”，满足人民群众对教育的需要。同时中国就业人员的人力资本禀赋与发达经济体相比也存在巨大差距，2019 年中国人力资本指数只有发达国家的 70% 左右，通过教育和职业培训领域的发展和改革，加大技能教育培训，持续提高人力资本。

第二，提高流动性，完善劳动力市场。随着中国经济体制改革的深入，政府不断完善就业机制，市场机制在劳动力资源配置中的作用越来越明显，提高了劳动力供给与行业需求间的匹配。在新发展格局下，为了建设全国统一大市场，促进生产要素的合理流动，2022 年 4 月《中共中央 国务院关于加快建设全国统一大市场的意见》颁布，提出了“健全统一规范的人力资源市场体系，促进劳动力、人才跨地区顺畅流动”。该意见的发布实施将使低生产率部门的剩余劳动力更顺利地向高生产率部门转移，也有利于就业的自由选择，促进人力资本跨行业和区域流动，实现劳动力资源的更加有效配置，从而提高劳动生产率。同时，应加强创造性破坏，建立企业的进入和退出市场机制，提高劳动力市场的流动性，促使生产率低的企业退出市场，劳动力进入生产率高的企业，提高国家整体劳动生产率。

第三，优化结构，提高全要素生产率。大力促进新产业、新业态、新模式的发展，优化经济结构，促进劳动力流向更高生产效率的新经济行业，优化劳动力配置结构，降低结构性失业，进而促进劳动生产率的提高。坚持创新驱动，坚持增强国家的科技实力，坚持大众创业、万众创新，推动技术前沿面外移，全面提高全要素生产率增长率和对经济增长的贡献率，把经济增长转到主要依靠科技进步和管理创新的轨道上来，提高中国劳动生产率。

四　纯要素生产率分析

（一）纯要素生产率概念

全要素生产率对分析经济增长发挥着重要的作用，同时也能为政府制定未来长期可持续发展政策提供战略依据。① 全要素生产率增长率解释的是在效率改善、技术进步以及规模效应的作用下，产量高于要素投入的增长余值。索洛余值法是较为常见的测算全要素生产率增长率的方法，这种方法须假定规模报酬不变以及希克斯中性，才能保证技术进步的评价完全等同于全要素生产率增长率，而经济发展的事实导致规模报酬存在的必然，全要素生产率增长率无法准确地评价技术进步的作用。

换言之，鉴于中国技术进步的发展方式，即技术进步伴随着技术的引进，而引进机器设备和购买专利技术内嵌于资本投入，因此用全要素生产率增长率代表技术进步也存在一定的合理性。② 但是，实际上生产率的变动不仅受到技术进步的影响，还存在非技术进步因素对其产生的影响，例如规模经济、效率变化、成本变动、周期影响以及测度误差等。此外，技术进步

---

① 郭庆旺、贾俊雪：《中国全要素生产率的估算：1979—2004》，《经济研究》2005 年第 6 期。

② 易纲、樊纲、李岩：《关于中国经济增长与全要素生产率的理论思考》，《经济研究》2003 年第 8 期。

也并不会全部通过生产率表现出来。因此，国内学者在全要素生产率增长率研究的基础上，为了得到对技术进步更为确切的分析，对生产率的研究提出了新的想法，即纯要素生产率。

依据钟学义对纯要素生产率的研究，① 整理得出如下测算推导。

首先，构建具有 n 种投入要素且单一产出的动态总量生产函数：$Y = F(X,t)$。

其中，Y 是产出总量，$X = (X_1, X_2, X_3, \cdots, X_n)^T$ 是由 n 种要素构成的 n 维向量，t 为时间变量。对其取对数并求导得到如下增长方程：

$$\frac{dY}{Y} = \frac{1}{Y}\frac{\partial F}{\partial t}dt + \sum_{i=1}^{n}\left(\frac{\partial F}{\partial X_i}\frac{X_i}{Y}\right)\frac{dX_i}{X_i} \qquad (4-1)$$

式（4－1）右边第一项就是全要素生产率增长率，记作 $\frac{d\lambda_T}{\lambda_T}$；记 i 要素的产出弹性为 $\alpha_i = \frac{\partial F}{\partial X_i}\frac{X_i}{Y}, i = 1,2,\cdots,n$；规模弹性就是 $\alpha = \sum_{i=1}^{n}\alpha_i$。

因此，可以将式（4－1）改写为：

$$\frac{dY}{Y} = \frac{d\lambda_T}{\lambda_T} + \sum_{i=1}^{n}\alpha_i\frac{dX_i}{X_i} \qquad (4-2)$$

在此引入单要素生产率 $\lambda_i = \frac{Y}{X_i}, i = 1,2,\cdots,n$。对其取对数并求导可以得到单要素生产率增长率：

$$\frac{d\lambda_i}{\lambda_i} = \frac{dY}{Y} - \frac{dX_i}{X_i}, i = 1,2,\cdots,n \qquad (4-3)$$

将式（4－3）单要素生产率增长率代入式（4－2）中，得到：

---

① 钟学义：《生产率分析的新概念》，《数量经济技术经济研究》1996 年第 12 期。

$$\frac{dY}{Y} = \frac{d\lambda_T}{\lambda_T} + \alpha \frac{dY}{Y} - \sum_{i=1}^{n} \alpha_i \frac{d\lambda_i}{\lambda_i} \tag{4-4}$$

将式（4-4）与式（4-2）合并联立可得：

$$\frac{dY}{Y} = \sum_{i=1}^{n} \frac{\alpha_i}{\alpha} \frac{d\lambda_i}{\lambda_i} + \sum_{i=1}^{n} \frac{\alpha_i}{\alpha} \frac{dX_i}{X_i} \tag{4-5}$$

此时，纯要素生产率增加率的定义就是单要素生产率增长率的加权和，记作 $\frac{d\lambda_A}{\lambda_A}$。

$$\frac{d\lambda_A}{\lambda_A} = \sum_{i=1}^{n} \frac{\alpha_i}{\alpha} \frac{d\lambda_i}{\lambda_i} \tag{4-6}$$

纯要素生产率增长率从要素投入的角度出发，将技术进步对经济增长的贡献涵盖在单要素生产率增长率的作用中，加强了技术进步与经济效益的联系，为技术进步提供了“内生化”的解释。[①] 相较于全要素生产率增长率，纯要素生产率增长率的优点是无须考虑规模报酬的影响，对生产率直接进行测算，规避了规模弹性效益引起的评价偏差，直截了当地展现了技术进步对经济增长的贡献。

（二）党的十八大以来中国纯要素生产率测算

本部分测算了中国 2011—2020 年纯要素生产率增长率以及劳动和资本的生产率增长率，以试图通过比较三者之间的关系，探究技术进步对总产出增长的影响。测算结果如图 4-1所示。

党的十八大以来，中国纯要素生产率增长率的变化趋势可以大致分为三个阶段，2013 年之前纯要素生产率呈现连年下降

① 钟学义：《生产率分析的新概念》，《数量经济技术经济研究》1996 年第 12 期。

的趋势。一方面，受到2008年国际金融危机的影响，贸易保护主义抬头，世界经济处在低迷的局面；另一方面，根据中央经济工作会议，中国经济发展仍面临着发展不平衡、不协调、不可持续的问题，经济增长下行与产能过剩的矛盾加剧，企业面临经营成本提升与创新能力不足并存的问题。原先的经济发展优势和增长动力都在削弱，经济结构不断调整，发展方式深化转变，经济运行需要寻找新的平衡，因此经济增长速度不断放缓。至2018年，纯要素生产率持续上升；2018年以后，尤其是2019年，纯要素生产率急剧下降，从国际形势看，全球经济受到投资和消费需求不足的影响，增速不断下降，同时经济增长下行也与中美经贸摩擦有关；从国内形势看，中国经济新旧动能转换的结构性因素以及去杠杆、防风险、控房市等政策性因素都对经济增长产生了影响，此外，国内经济效益走弱，工业企业利润转正为负。在全球经济复苏疲软与国际油价暴跌的背景下，突如其来的新冠疫情也给中国稳定经济发展的工作带来了严峻的考验。

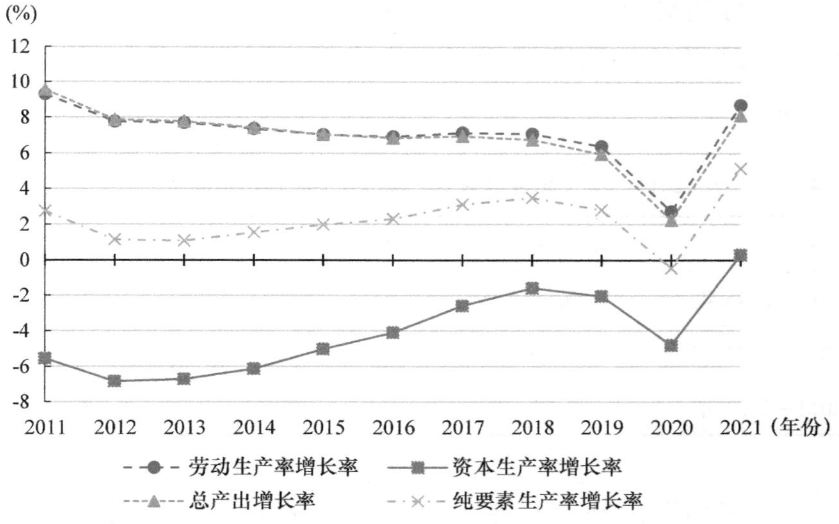

图4-1　2011—2021年纯要素生产率增长率以及劳动和资本生产率增长率

从单要素生产率增长率的角度考虑，纯要素生产率增长率的变化趋势与资本生产率增长率的变化趋势更为接近。考虑到中国作为世界上最大的发展中国家，发展之初可以凭借自身的劳动力优势提高劳动生产率，发展的过程中要不断向世界的先进生产力学习，学习的过程中产生的追赶效应，即通过少量的资本投资就可以大大提升劳动生产率，但是这种追赶效应会随着人均 GDP 向发达国家靠拢的同时逐渐削弱。不难看出，党的十八大以来，劳动生产率在对提高纯要素生产率已发挥不出优势作用。同时在改革开放政策的积极引领下极大地解放了中国的劳动生产力，但是随着改革的不断深入，由政策推动的劳动生产率的提高也会因此逐渐减弱。参考国际发展经验，一些发达经济体在发展经济的过程中，都经历了经济增长由高速增长到增长放缓的过程，因此纯要素生产率的波动也有迹可循了。劳动生产率的变动与投资的变动相互联系，改革开放提高了劳动生产率，资本增加。在投资和资本存量提高的背景下，中国通过采用先进技术和管理不断提高生产率。

本部分还对 2011—2015 年、2016—2021 年两个子周期以及 2011—2021 年整体测算了纯要素生产率增长率，具体结果如表 4 - 1 所示。

表 4 - 1　2011—2021 年纯要素生产率增长率及产出贡献率　（单位：%）

	总产出增长率	纯要素生产率增长	贡献率
2011—2015 年	6.94	1.71	21.59
2016—2021 年	7.93	2.72	75.74
2011—2021 年	3.59	2.28	32.84

两个子周期的纯要素生产率增长率差异明显，从而导致其对总产出的贡献率也相差甚远。在第一阶段，虽然总产出增长率明显高于第二阶段，但是纯要素生产率增长率仅有 1.71%，

其对总产出增长的贡献率只有21.59%。“十二五”时期，中国经济发展进入了“新常态”，对外开放水平得到进一步提升，形成新一轮高水平对外开放的局面。2008年国际金融危机风波逐渐平息，但是中国仍面临着复杂严峻的国际国内形势。在这一时期，中国须面对经济增长换挡期、结构调整阵痛期以及前期刺激政策消化期的“三期叠加”的挑战。中国经济增长速度实现从高速向中高速增长转变，中国国内生产总值年均实际增长率近8%，经济结构不断优化，增强经济发展的协调性，同时依托内需拉动经济增长以弥补外需下降对我国经济发展的影响。同时，基础设施建设和基础产业的发展迅速，加强对研发工作的重视，并加大对其的投入，基础研究也取得重大成果，科技创新能力得到增强，成功迈进创新型国家的门槛。“十二五”时期以来，除了取得阶段性成果外，中国经济社会发展也面临着新问题。例如，创新驱动不显著导致的经济发展内生动力不足的问题。中国经济从出口拉动、投资以及资源驱动的高速增长转向消费拉动、创新驱动的中高速增长时期。消费拉动和创新驱动战略还处在成长和发育的初期，不免会产生内生增长动力不足的问题。市场化改革的深化虽提高了企业的活力，但依旧未形成经济发展所需的强劲内生动力。

第二阶段的纯要素生产率增长率提高至2.72%，对总产出增长的贡献高达75.74%。“十三五”时期，中国以全面建成小康社会为奋斗目标，为开启全面建设社会主义现代化国家新征程，不断深入推进供给侧结构性改革，全面深化改革和扩大开放，着力推动高质量发展，坚决打好三大攻坚战，统筹推进疫情防控和经济社会发展。经济社会发展取得全方位和开创性的成就。在创新型国家建设上取得了丰硕的成果，通过《专利合作条约》（PCT）提交国际专利申请量跃居世界第一，研发经费投入总量位居世界第二。航空航天、量子通信、超级计算等高技术领域推出一大批重大科技成果，现代化基础网络建设取得阶段性进展，其他重要领域的有效投资也合理扩大。此外，产业结构优化调整，新的产业结构与区域经济结构初步形成，除了继续保持制造业世界第一的水准外，2019 年规模以上的高技术产业增加值占比提升至 14.4%，服务业增加值对比上一阶段明显上升，占比达 53.9%，包括信息传输、软件和信息技术服务业在内的新兴服务业发展增速接近 20%。鉴于此，结合图 4－1 测算结果来看，劳动生产率和资本生产率在此期间稳定增长，技术进步对经济发展的贡献率也因此提高。

根据表 4－1 的测算结果，2011 年以后，中国纯要素生产率增长率为 2.28%，对产出贡献率达到 32.84%。同时，经济增长也实现从高速增长向潜在增长回归。究其原因，决定潜在经济增长率下降的因素与阻滞潜在经济增长率下降的因素并存，若前者作用大于后者，则经济增长减缓，反之加快。① 党的十八大以来，改革在中国经济增长方面已经发挥了巨大的作用，而经济社会发展与经济结构调整、技术进步、生态环境、经济效益以及人民生活水平息息相关，这几种发展因素在各个时期都会发生变化，从而导致了中国经济社会的发展具有长期性的特点。举例来说，在重要领域和关键环节还有进一步实现改革突破的空间，这表明中国经济持续释放大国优势和潜力仍需改革推进。尤其是纯要素生产率占比接近 1/3，这意味着科技进步能持续推动经济潜力增长，成为促进中国社会生产力发展方面的一个主要因素。在改革之初，中国从发达国家引进新技术并通过模仿实现技术进步，在改革的过程中能够充分发挥后发优势，实现科学技术的跟跑以及并跑。党的十八大以来，中国在某些重要领域的科学技术突破已经能够发挥先发优势，成功迈入了科技领跑和并跑的发展时期。

① 汪海波：《十八大以来中国经济的新发展》，《中国浦东干部学院学报》2017 年第 3 期。

（三）从纯要素生产率视角看中国技术进步

党的十八大以来，中国的纯要素生产率增长率存在波动，而技术进步“内生化”后的数据结果就是纯要素生产率增长率，据上文结果分析可以得出，在将科学技术视作第一生产力的时代，技术进步已经成为促进经济社会发展不可或缺的重要推动力，本部分将从纯要素生产率的视角探索中国技术进步的发展变化及经济推动作用。

据统计，技术进步对经济增长的贡献率随着时间推移不断提高。在20世纪50年代前，贡献率仅为20%；20世纪50年代中期后，发达国家工业化进程加快，逐渐步入现代化国家建设阶段，技术进步对经济增长的贡献占比也不断提高，最高可达80%左右；20世纪90年代中期，工业化、信息化与现代化发展提上日程，与传统农业经济和工业经济相对的知识经济得到重视，就OECD的主要成员国而言，其知识经济占经济总量的比重超过50%。以此为参考，中国纯要素生产率增长率对总产出增长的贡献率由2011年的28.72%上升到2016年的33.66%，作为发展中国家，中国技术进步速度迅猛，但先进程度与世界领先水平仍存在一定差距。

分阶段看，中国纯要素生产率有明显的增长，贡献率也有大幅度提高。结合中国经济发展实际，第一阶段纯要素生产率低下的问题主要还是因为缺乏关键核心技术，在重点领域依靠技术引进和模仿实现技术进步，相比于发达国家来说，中国在先进技术方面并没有领先优势。在经济全球化的背景下，制造业呈现出数字化、智能化的产业变革趋势，但是中国企业研发创新的短板在短时间内很难补齐，创新驱动不足的问题凸显。传统制造技术和模式的生产效率低下，难以应对以先进科学技术为核心竞争力的市场规则，大多数规模以上的工业企业缺乏研发活动，世界500强企业的研究与开发经费占销售收入的比重一般在5%—10%，而这个比重在中国大中型工业企业中仅为1.38%。

面对创新能力不足的窘境，2012年年底，党的十八大明确提出："科技创新是提高社会生产力和综合国力的战略支撑，必须摆在国家发展全局的核心位置。"也因此正式提出创新驱动战略。自2013年以来，鉴于创新驱动战略的实施，推动以科技创新支撑经济社会发展也已经取得较大进展，纯要素生产率增长持续回春的数据也表明技术进步发挥的积极作用。中国在党的十八大以后抓住技术溢出的新机遇，坚持培育和壮大创新主体，致力于科技创新平台建设，不断优化科技创新发展的政策环境，加强对科技人才和创新人才的培养与引进。如今，以移动互联为代表的新一代信息技术革命、以页岩油气技术为代表的新能源革命、以3D打印为代表的制造业数字化、智能化、网络化工业技术革命兴起，中国充分发挥科技革命和产业发展的后发优势，通过大力提升国家科技创新能力，争取在一些关键领域率先取得技术突破，推动产业结构优化升级和新一轮战略性新兴产业快速发展。同时，不难看出科学技术的发展及发展的提升与工业化、信息化以及现代化程度的关系密不可分，一方面是因为现代经济社会的发展对先进技术发展提出了迫切需求，另一方面也是因为经济社会发展的提升能够为技术进步提供发展所需的试验手段和运用场所。因此，工业化、信息化以及现代化生产的提高能够促进中国科学技术水平的提升。

从产业发展状况来看，科技创新的引领作用明显。与科学技术密切相关的产业诸如高技术产业的产业增加值在工业增加值中的占比提高。2013年以来，高技术产业增加值年均增速稳步提高，高于全部规模以上工业增加值3.4个百分点，截至2015年，高技术产业增加值占比提升至11.8%。2018年高技术产业增加值同比增长 11.9%，比工业增加值增速快 4.7 个百分点。虽然 2020 年受到新冠疫情冲击和国际形势的影响，但工业生产稳步复苏，尤其是高技术制造业快速发展，其增加值同比增长 7.1%，占规模以上工业增加值的比重为 15.1%，高于全部规模以上工业平均水平 4.3 个百分点。①

从技术进步资源来看，技术的迅猛提升离不开与之相关的各种要素资源投入。中国愈来愈重视对科技创新人才的培养。目前，中国拥有 1.7 亿受过高等教育以及拥有高技术专业的人才资源。2020 年人口普查结果显示，每十万人口中大专及以上教育人口数达到 1.54 万人，而研究生毕业人数高达 72.56 万人，普通本科毕业生为 420.51 万人，普通专科毕业生为 376.69 万人，研究与试验发展人员全时当量为 523.45 万人。② 在资金投入上，中国的研发投入仅次于美国，排名全球第二位，全年研究与试验发展（R&D）经费支出为 24426 亿元，占国内生产总值的 2.40%，已经超过欧盟平均水平，且研发费用有持续增长的趋势。截至 2020 年年底，中国运行的国家重点实验室数量已达到 522 个，国家工程研究中心（国家工程实验室）350 个。除此之外，新的创新活力更加充沛。随着创新驱动发展战略的实施，大众创业、万众创新政策的推进，极大地激发了全社会的创业创新活力。截至 2021 年年底，国家企业技术中心总数已达 1636 家，国家级科技企业孵化器 1173 家，大众创业万众创新示范基地 212 家。中国科技创新成果卓有成效，有效专利数达到 1219.3 万件，包括境内的有效发明专利 221.3 万件，全年授予专利权 363.9 万件，同比 2019 年增长 40.4%，通过 PCT 申请专利数达 7.2 万件。此外，签订技术合同 55 万项，技术合同

① 数据来源：《中华人民共和国 2020 年国民经济和社会发展统计公报》。

② 数据来源：国家统计局网站。

成交金额高达28252亿元，比2019年增长26.1%。[①] 创新创业活动正在推动中国由过去的人口红利向人才红利转变，这将不断释放经济社会发展所需的活力和动力，深度挖掘经济增长的潜力，极大增强中国经济的创新力、竞争力，有效提高应对复杂局势的能力。

协调发展同样对中国技术进步产生了积极效应。2014年12月，中央经济工作会议提出要重点实施“一带一路”倡议、京津冀协同发展战略以及长江经济带发展战略，为经济增长增加新引擎。长江经济带和京津冀协同发展将是今后一段时间国内区域发展最重要的战略，而“一带一路”倡议将是国际区域合作发展的重点倡议。协同发展极大地促进了区域间的技术合作与流通，加快技术进步的脚步，大大提高了科技研发的效率。

（四）提升技术进步的政策建议

党的十八大以来，中国技术进步虽取得了不少成果，但是仍存在一些问题。本部分根据中国提升技术进步过程中遇到的问题提出针对性建议，具体有以下几点。

第一，坚持发展创新驱动。党的二十大报告指出，教育、科技和人才是全面建设社会主义现代化国家的基础性和战略性支撑，要办好人民的教育、不断完善科技创新体系。创新也是实现高质量发展的必由之路，大众创业、万众创新的思潮提出后，中国创新生态系统建设不断完善，技术要素深度融合，市场活力提升，产业升级调整加快。创新创业与技术创新、效率变革、产业升级紧密结合，为促进经济增长和提高要素生产率提供坚实的支撑，助推现代化经济体系的建设。因此，经济社

① 数据来源：《中华人民共和国2020年国民经济和社会发展统计公报》。

会的全面发展必须坚持以科技为第一生产力、人才是第一资源以及创新是第一动力，推进科教兴国战略、深入实施人才强国战略、加快实施创新驱动发展战略，开辟新领域、发展新赛道，塑造新动能、发挥新优势。

第二，提倡自主研发创新。在经济贸易全球化的大背景下，面对发达国家技术领先的压力，甚至某些西方国家企图垄断技术的野心，同时也为了避免中国陷入技术模仿的路径依赖，寻求技术发展新思路成为必然。过去把更多精力放在“融入国际主流”的发展重心应该向技术自主可控转移，逐步实现核心技术自我掌握，坚持发展路线独立自主，保证国际国内市场的竞争力。同时，全行业仍需通力合作，力争实现全产业链自主可控，保证新一代信息基础设施建设不会受制于人。鉴于此，实现向自主创新的跨越和经济高质量发展，政府应明确自主创新的实施机制。在资金投入方面，重视并加大基础研发资金的投入，对基础研发投入较高的地区给予政策优惠和补贴，以提高其自主创新的积极性。探索金融支持的创新模式，不断提高资金回报率，巩固风险抵抗能力，以形成持续的研发资金保障；在人才培育方面，调整提高人力资本结构和水平，不断充实和扩大创新人才队伍，通过制定专项人才政策吸引科研人员驻足当地技术研发，为自主创新提供发展所需保障；此外，还可以引导当地的技术研发，例如健全和完善创新成果评价体系，提高实际生产成果的转化效率，以提高纯要素生产率，实现技术进步。

第三，制定技术进步政策。中国幅员辽阔，各地区经济社会发展存在差异，须因地制宜制定科技发展政策，全面提高各地区的技术发展水平。像北京、上海等具有先进技术的城市，科技政策应围绕鼓励技术自主创新和提高技术进步扶持力度展开，一方面提高了自主创新的能力，另一方面也有助于对引进的先进技术吸收消化。具体内容包括：加强科技基础设施建设，以吸引高技术产业聚集；为创新型企业提供税收减免等优惠政策，以刺激企业创新活力等。而像吉林、黑龙江这类工业发展僵化或广西、宁夏等技术相对落后的地区亟须注入创新活力以带动当地经济发展，这类地区由于缺乏科技基础设施建设和对科技创新人才吸引力，相比于自主创新更适合采用引进技术提高当地技术薄弱的现状，因此政策制定须向技术引进倾斜。例如，对引进国外先进技术的地区提供减税政策；创造吸引外商投资的优越条件；制定鼓励创新的政策，防止因地区发展不平衡导致的人才流失等。

第四，加强先进技术引进。提倡自主创新并不是意味着对国外先进技术的全盘否定，技术引进仍是提高中国技术发达水平的重要策略，学习世界先进技术，充分发挥大国后发优势，不仅能够提高中国经济社会发展水平和综合国力，同时也能加强中国与国际社会的交流合作，为世界经济发展贡献中国力量。鼓励购买并不是意味着盲目购买一切先进技术，应当针对生产发展过程中的瓶颈问题，购买有利于生产实际、适合技术发展的国外先进技术。技术引进包括直接引进和间接引进：直接引进是指直接购买国外技术设备，这需要政府制定技术进口有关方案，保证国外技术与自身生产优势的结合，实现资源的高效配置；间接引进是指通过吸引外商投资实现技术进步，制定激励政策，吸引外商对需要实现技术进步的项目的投资，促进外资与企业发展的融合，提高对外商投资的利用率，进而实现外商投资的技术溢出。同时，也不能忽视对技术人才的培养，引进技术后仍需要进行钻研，通过学习和模仿进口技术研发出适合我国实际的新技术，可以通过举办外商投资企业交流会等活动，加强与拥有先进技术企业的沟通与合作，为当地其他企业提供学习新技术、新模式的机会，进而实现技术进步。

第五，加强协同发展。围绕“一带一路”倡议、京津冀协同发展战略、长江经济带发展战略，不断出台新区域技术发展政策；同时，坚持西部大开发、东北振兴、中部崛起、东部率先的区域发展总体战略实施，实现新老规划共同发展。协同发展提供了重大的机遇，这将为未来数年中国的经济增长注入新活力。因此，应致力于构建跨区域研发网络，依托技术发达省市带动其他地区实现技术进步，增强区域间的技术交流与合作。首先，各地区应该明确各自的战略目标，例如，在具有发展优势的地区，应积极探索产业升级转型的新路径和新模式。协同发展能够利用产业确定性积极引导创新活动，降低创新链的不确定性。其次，各地区合理分工共同研发核心技术、共享专利技术。这就要求政府构建良好和谐的技术市场环境，通过制定和完善相关法律法规，打击技术侵权行为，保证知识产权的合法性。最后，充分发挥政府在区域协同发展中的引领作用，引导产业发展与政府政策相适应，推进科技研发与市场需求的结合，最大化区域间的经济效益。

五　科技创新效率分析

党的十八大以来，习近平总书记高度重视科技创新，把创新摆在国家发展全局的核心位置，对中国科技创新事业进行了战略性、全局性的谋划，提出了一系列新思想新论断新要求。从党的十八大指出实施创新驱动发展战略，到党的十九大指出创新是引领发展的第一动力，再到党的二十大指出坚持创新在中国现代化建设全局中的核心地位，中国科技创新事业取得了伟大的历史性成就，成功跨入了创新型国家行列。本部分归纳总结了新时代十年中国科技创新发展的主要成就，定量测算了新时代十年中国研发资本存量，比较分析了新时代十年中国科技创新效率，提出了新征程中国科技创新发展的远景展望。

（一）新时代中国科技创新发展的主要成就

1. 科技创新投入大幅增加

科技经费投入规模、强度、增速不断提升。2012—2021 年，全社会研发经费投入规模从 1.03 万亿元增长到了 2.79 万亿元，R&D 经费投入强度从 1.91% 跃升至 2.44%，已接近经济合作与发展组织（OECD）国家平均值，达到中等发达国家水平。2013—2021 年，中国研发经费年均增速为 11.7%，远高于美国（6.5%）、日本（1.3%）等发达国家。研发经费投入结构不断优化，基础研究占比不断提高。2021 年，基础研究经费规模达 1817 亿元，比 2012 年增长 2.6 倍，年均增速为 15.4%，基础研究占研发经费比重为 6.5%，比 2012 年提高 1.7 个百分点。科技人才总量大幅提高，人才结构布局更加优化。2021 年，研发人员全时当量为 562 万人年，是 2012 年的 1.7 倍，已经连续 9 年位居世界第一。2012—2021 年，每万名就业人员中研发人员数从 61 人提高到了 115 人，其中拥有本科及以上学历人员的占比由 50.2% 提高到了 63.0%。科技领军人才和创新团队不断涌现，更多青年科技人才成为科研主力，45 岁以下科研人员占国家重点研发计划参研人员比重超过八成。

2. 科技创新产出量质齐升

科技论文和发明专利量质齐升。2020 年，共有 97.0 万篇科技论文被国外三大主要检索工具（SCI、EI 和 CPCI-S）收录，是 2012 年的 2.5 倍。2011—2021 年，各学科高被引国际论文数达 4.3 万篇，约占世界份额的 1/4，排名世界第二位。2021 年，发明专利授权数达 69.6 万件，是 2012 年的 3.2 倍，每万人口高价值发明专利拥有量 7.5 件，PCT 专利申请量接近 7 万件，连续三年排名世界第一。科技成果转化为生产力的水平显著提升，科技与经济的联系更加紧密。2021 年，技术市场成交总金额接近 3.8 万亿元，是 2012 年的 5.8 倍，占 GDP 比重达到 3.3%；规模以上工业研发企业开发新产品项目近 100 万个，是 2012 年的 2.9 倍；全年实现新产品收入约 30 万亿元，是 2012 年的 2.7 倍；高新技术产品出口额近 1 万亿美元，是 2012 年的 1.6 倍。2020 年，专利密集型产业增加值突破 12 万亿元，占 GDP 比重达 12%。

3. 科技创新成果举世瞩目

随着基础研究投入力度不断加大，基础研究整体实力显著增强，物理、化学、材料等基础学科整体水平显著提升，在量子科学、空间科学、铁基超导、干细胞等基础领域取得了一批标志性重大原始创新成果。中国在载人航天、探月探火、深海深地探测、三代核电、新能源汽车、超级计算、高铁、大飞机等战略性高技术领域取得丰硕成果，在集成电路、关键元器件、基础软件研发等关键领域也取得了积极进展。重大科技基础设施加速布局，散裂中子源、500 米口径球面射电望远镜（FAST）、全超导托卡马克核聚变实验装置、脉冲强磁场实验装置、全球生命科学领域首个综合性大科学装置国家蛋白质科学研究设施等一批“国之重器”陆续建成，为中国基础研究持续向更高水平攀升奠定坚实的基础。首艘国产航母下水、第五代战机歼—20 正式服役、东风—17 弹道导弹研制成功、高超音速武器研发取得重要进展，国防科技创新领域捷报频传。

4. 科技创新活力持续迸发

市场主体大量增加。截至 2021 年年末，市场主体总量 1.54 亿户，比 2012 年年末增长 1.8 倍，每年净新增超 1000 万户。“双创”持续发力。截至 2021 年年末，经国家备案的众创空间已达 2551 家，国家级科技企业孵化器 1287 家，“双创”示范基地 212 个。企业创新活力明显增强。2021 年，企业研发经费投入规模近 2.2 万亿元，比 2012 年增长 1.7 倍，占全社会研发经费投入比重超过 75%。根据欧盟发布的《2021 欧盟产业研发投入记分牌》，中国有 597 家企业进入全球研发规模 2500 强，是 2012 年的 6.4 倍，总数仅次于美国，排名世界第二。截至 2022 年 9 月，中国累计培育 8997 家专精特新“小巨人”企业、848 家制造业单项冠军企业，带动全国范围认定省级专精特新中小企业 4 万多家，入库培育专精特新中小企业 11 万多家。科技创新环境持续优化。公民科学素养显著提升，2010—2020 年具备科学素养的公民比例从 3.27% 提高至 10.56%，提升了 7.29 个百分点。中国欧盟商会发布的《商业信心调查2021》显示，半数以上受访企业认为中国知识产权执法力度“足够好”“非常好”。

5. 科技创新体系不断健全

以企业为主体、市场为导向、产学研深度融合的科技创新体系不断健全，各类创新主体各就其位、统筹联动、形成合力。国家实验室、国家科研机构、高水平研究型大学、科技领军企业成为国家战略科技力量的重要组成部分。中国特色国家实验室体系加快构建，国家科研机构服务国家战略需求、解决重大科技问题的能力不断提升，高水平研究型大学在基础研究、人才培养和重大科技突破中的作用更加凸显，企业创新主体地位不断提升，科技领军企业提升中国产业基础能力和产业链现代化水平作用显著增强。新型研发机构蓬勃兴起，形成对传统创新主体的有效补充。产学研合作水平不断提高，在全球创新指数中，产学合作研发排名从2012年的第28位提升至2022年的第5位。北京、上海、粤港澳大湾区三个国际科创中心建设加速推进，成功跻身全球科创集群前十名，北京怀柔、上海张江、安徽合肥、粤港澳大湾区四个综合性国家科学中心成为引领未来发展的基础科学平台。

6. 科技创新能力显著提升

面对复杂严峻的国内外形势，中国坚持把创新作为引领发展的第一动力，深入实施创新驱动发展战略，加快建设科技强国，科技创新能力和水平不断提升。根据国家统计局社科文司《中国创新指数（CII）研究》课题组测算，中国创新指数（2005年为100）从2012年的148.2增长至2021年的264.6，创新环境指数、创新投入指数、创新产出指数、创新成效指数分别从2012年的144.0、152.2、164.2、132.4增长至2021年的296.2、219.0、353.6、189.5。中国科技创新水平的大幅提升使得中国在全球创新版图中的地位发生了重大改变。根据世界知识产权组织（WIPO）发布的《2022年全球创新指数报告》，中国综合创新能力排名从2012年的第34位提升到了2022年的第11位，连续十年稳步提升，位居36个中高收入经济体之首。中国科技创新水平的提升也为提升中国国际竞争力提供了有力支撑。根据世界经济论坛发布的《2022年全球竞争力报告》，2022年中国国际竞争力排名第28位，领先多数中等收入国家。

7. 科技支撑引领作用显著增强

面向经济主战场，科技为经济社会发展注入新动能。2021年，中国科技进步贡献率达60%，比2012年提高了7.8个百分点，全员劳动生产率（按2020年价格计算）接近15万元/人，比2012年提高了80.3%。科技创新助力产业结构优化升级和新动能加速壮大，新产业、新业态、新商业模式蓬勃发展，数字经济发展实现重大突破。2020年，中国数字经济核心产业增加值占GDP的比重达7.8%，数字经济总量跃居世界第二位。面向国家重大需求，科技为完成重大任务、实现重大目标提供解决方案。科技创新助力脱贫攻坚和乡村振兴，服务节能降耗和"双碳"目标，有力支撑了港珠澳大桥、北京大兴国际机场等重大工程建设。面向人民生命健康，科技为疾病防治、公共卫生提供重要保障，尤其是在应对新冠疫情过程中，中国在疫苗、病毒科学溯源等方向持续攻关，为疫情防控提供了强有力的科技支撑。

8. 科技体制机制改革向纵深推进

科技体制改革"四梁八柱"基本确立，实现从立框架、建制度向提升体系化能力、增强体制应变能力转变。强化法律保障，修订《科学技术进步法》《促进科技成果转化法》等重要法律。加强顶层设计，出台并实施《深化科技体制改革实施方案》《科技体制改革三年攻坚方案（2021—2023年）》等重要文件。将有效市场和有为政府有机结合，有效发挥新型举国体制优势。深化院士制度改革，让院士称号进一步回归荣誉性和学术性。深化科技评价和激励制度改革，逐步确立以质量、贡献、绩效为核心导向的科研分类评价体系，实施以知识价值为导向的分配机制。深化科研项目和经费管理改革，实施“揭榜挂帅”“赛马制”“首席科学家负责制”“青年科学家项目”等新机制。破解科技成果转化难题，推动科技成果使用、处置和收益权“三权下放”。大力弘扬科学家精神，加强科研诚信和科技伦理体系建设，科技治理体系和治理能力不断提升。

9. 国际科技交流合作不断深化

中国坚持科技领域开放合作原则，积极主动融入全球创新网络，逐步形成了全方位、多层次、广领域的国际科技合作新格局。强化政府之间科技交流合作，与161个国家和地区建立了科技合作关系，签署了115项政府间科技合作协议，参加了200多个国际组织和多边机制。积极提出并牵头组织国际大科学计划和大科学工程，深度参与了地球观测组织（GEO）、平方公里阵列射电望远镜（SKA）、国际热核聚变实验堆（ITER）等大科学计划和大科学工程。“一带一路”科技创新合作取得显著成效，在科技园区、技术转移、共建联合实验室以及科技人文交流等领域合作成果丰硕。聚焦空间、气候变化、能源、人类生命健康等领域，与世界各国开展联合研究且取得了丰硕成果，为世界科技进步和可持续发展贡献了中国智慧。积极推动新冠疫情数据和信息共享，加强疫苗、药物、检测等方面的国际联合研发合作。积极参与全球科技伦理治理，推进构建人类命运共同体。

（二）新时代中国研发资本存量的测算分析

1. 测算方法

目前国内外学者大都采取永续盘存法估计研发资本存量，本研究根据刘建翠等的思路，[①] 也采用永续盘存法进行估算，其基本公式为：

$$K_t = \sum_{k=1}^{n} R_{t-k}\alpha_k + (1-\delta_t)K_{t-1} \qquad (5-1)$$

其中，K_t、K_{t-1}分别表示第 t 年和第 $t-1$ 年的研发资本存量，R_{t-k}表示 $t-k$ 期的研发经费投入（不变价），K 为滞后期，α_k为R_{t-k}支出的滞后贴现系数，δ_t表示研发资本存量第 t 年的折旧率。由于难以得到研发经费投入的滞后期，多数学者采取 $\alpha_k = 1$，$n = 1$，即研发经费投入的平均滞后期为 1 年。[②] 因此研发资本存量核算公式一般采取：

$$K_t = R_{t-1} + (1-\delta)K_{t-1} \qquad (5-2)$$

---

① 刘建翠、郑世林、汪亚楠：《中国研发（R&D）资本存量估计：1978—2012》，《经济与管理研究》2015 年第 2 期。

② 无论是物质资本还是研发资本，从投入到形成生产能力都需要经过两个阶段：一是从资本投入到资本形成阶段，二是从资本形成后到生产能力形成阶段。物质资本和研发资本的投入至资本形成均需要一定的时间。但是，比较物质资本和研发资本，有的物质资本投资在部分资本形成后即可投入生产，形成部分生产能力，而研发资本投入一般需要完全形成后才能进入生产阶段。并且，物质资本形成后一般可立即投入到生产过程中生产产品，形成现实的生产能力，不存在滞后期的问题，而研发的成果多是论文、著作、专利技术、产品的原型或样机等，众所周知，这些成果的产生过程往往要比物质产品的生产过程时间长，有些成果的转化或发挥生产能力更需要较长的时间，因此研发资本投入到形成生产能力之间往往存在更长的滞后期。

从式（5－2）中可以看出，核算研发资本存量需要对当期研发经费投入、基期研发存量、研发价格指数以及折旧率进行确定。

（1）当期研发经费投入水平

虽然 SNA2008 规定将研发经费投入作为固定资产的一部分，由于劳动力成本不仅是增加值的一部分，也是研发经费投入的一部分，但是若将全部研发经费投入均计入资本存量，将出现重复计算问题。① 目前，不少研究在测算研发资本存量时直接把研发经费投入等价为研发资本存量，并未扣除研发经费投入中的人员劳务费进行核算。为了避免重复计算，我们将扣除研发经费中的劳务费作为研发资本的当期研发经费投入。由于 2009 年以来人员劳务费占研发经费投入比重一直在 25% 左右，我们将劳务费按照 25% 的研发经费投入进行估算。② 本章对研发资本存量的估算以 1978 年为基期，1978—2020 年研发经费投入数据来自《中国科技统计年鉴》和中国科技统计网站。

（2）基期研发存量

目前，有两种常见的使用永续盘存法来估计基期研发资本存量的做法，一种方法由 Griliches 等提出，③ 假定研发资本存量 K 的平均增长率等于研发经费投入 R 的平均增长率，多数学者采取了这种方法。另一种方法是假定稳态经济中研发资本存量与经济总量存在正向相关关系，也即相邻两年的研发资本存量

① 例如，2012 年，中国资本性支出占研发经费支出比重为 14.48%，日常性支出占比达到 85.52%，其中人员劳务费占研发经费支出比重为 25.68%。

② 研发经费支出包括日常支出和资本性支出，日常支出包括劳动力成本和其他日常支出，其他日常支出包括图书资料费、小型试验费、管理费用和其他费用等；资本性支出包括基建和设备支出、软件支出。

③ Z. Griliches，"R&D and Productivity：Measurement Issues and Econometric Results"，*Science*，New Series，Vol. 237，No. 4810，1987.

与经济总量的比例几乎一致，基于此求出基年的研发资本存量。① 为了不失一般性，本书也采取第一种方法，即：

$$\frac{K_t - K_{t-1}}{K_{t-1}} = \frac{R_t - R_{t-1}}{R_{t-1}} = g \tag{5-3}$$

其中，g 是研发经费投入 R 的增长率。当 $t=1$ 时：

$$K_1 = (1+g)K_0 \tag{5-4}$$

根据式（5-2），当 $t=1$ 时：

$$K_1 = R_1 + (1-\delta)K_0 \tag{5-5}$$

根据式（5-4）和式（5-5），可以得到计算基期的研发资本存量：

$$K_0 = R_1/(g+\delta) \tag{5-6}$$

本书采取美国商务部经济分析局的方法确定 g 的取值：②

$$g = e^m - 1 \tag{5-7}$$

其中，斜率系数 m 由下列回归模型决定：

$$\ln I_t = b + mt + \varepsilon_t \tag{5-8}$$

其中，I_t为研发投资流量，b 为常数项，t 为时间变量，ε_t为随机误差项。具体的选择标准是，从 1978 年开始，逐年地扩大样本区间对式（5-8）进行回归，选择除前两年之外的样本使得式（5-8）的决定系数 R^2 达到第一次峰值的时间。通过计算发现，决定系数 R^2 所能达到第一次峰值的时间是 1986 年，g 是 0.0429。③

由于选取研发经费投入数据、研发经费投入增长率 g、折旧率 δ 的差异，学者们对基年研发资本存量的测算结果也不尽相

---

① 刘建翠、郑世林、汪亚楠：《中国研发（R&D）资本存量估计：1978—2012》，《经济与管理研究》2015 年第 2 期。

② 王孟欣：《美国 R&D 资本存量测算及对我国的启示》，《统计研究》2011 年第 6 期。

③ 刘建翠、郑世林、汪亚楠：《中国研发（R&D）资本存量估计：1978—2012》，《经济与管理研究》2015 年第 2 期。

同。本研究借鉴刘建翠等的做法,① 根据1990—1993年研发经费投入数占国家财政支出科技经费（减去人员费用）的比例来估测中国1978年的研发经费投入数；考虑到1978—2020年区间偏长，研发经费投入增长率的波动性较大，本书则选用了美国商务部经济分析局（BEA）的方法来测算研发经费投入增长率 g；1978年中国刚开始推行改革开放，我们根据该时期中国经济的实际情况，合理地选择10%为折旧率。依据上述推导公式，可以计算出1978年的初始研发资本存量为277亿元。

（3）R&D投入价格指数

如何确定研发投入价格指数是创新经济学中一个非常重要的问题。由于物价变动对研发投入影响较大，不同文献构造的研发价格指数不同，随意性较大，没有统一的标准，这也是造成有关研发投入数据存在很大差异的一个重要原因。关于研发投入价格指数的构造，各国学者采取了不同的方法。由于本书中的研发经费投入已不包括劳务费，我们采用居民消费价格指数和固定资产投资价格指数来构造研发投入的价格指数。借鉴刘建翠等的做法,② 我们确定固定资产投资价格指数的权重为0.2，居民消费价格指数的权重是0.8。

（4）折旧率

对于如何确定研发资本的折旧率，目前学者们并没有一致的意见。按照经济发展实际情况来看，在经济发展的不同阶段，无论是一般物质资本还是研发资本，它们的折旧率不应该是一成不变的，尤其是发展中国家更不可能不发生变化。改革开放初期，中国处于技术引进、消化和吸收阶段，属于知识积累阶段，折旧率一般来说会比较低；20世纪90年代以后，随着信息

① 刘建翠、郑世林、汪亚楠：《中国研发（R&D）资本存量估计：1978—2012》，《经济与管理研究》2015年第2期。

② 刘建翠、郑世林、汪亚楠：《中国研发（R&D）资本存量估计：1978—2012》，《经济与管理研究》2015年第2期。

化时代的到来，知识扩散、更新的速度加快，折旧率随之提高；进入21世纪，知识经济不仅提高了知识的更新速度，也促进了技术的更新换代，这使得折旧率更高。从研发经费增长的趋势看，稳定增长阶段出现在2000年，为此，我们可把整个时间区间分为两段：1978—1999年和2000—2020年。考虑到改革开放初期，中国经济基础薄弱，经济实力落后，我们选取博斯沃思（Bosworth）折旧率区间［10%，15%］的下限值；① 进入21世纪以后，中国加入WTO后国际贸易量大幅增加，经济实力明显增强，研发经费投入增幅显著，另考虑到大多数学者采用15%为知识折旧率，为了保持研究的一致性，本书也沿用15%的做法。有鉴于此，本书设定1978—1999年的折旧率为10%，2000—2020年为15%。

2. 结果分析

根据上述永续盘存法，我们估算了中国1978—2020年的研发资本存量，其中2012—2020年的研发资本存量及其占GDP的比重见图5-1。可见，进入新时代以来，中国研发资本存量及其占GDP比重均呈现稳步增长态势。2012—2020年，中国研发资本存量从5212.47亿元逐年增长至13989.51亿元，研发资本存量占GDP的比重从0.97%也逐年提升至1.38%。

世界发展史表明，现代经济科技的快速发展离不开R&D经费的大量投入。纵观全球，不少国家和地区均将R&D经费投入作为战略性投入，大幅度增加R&D经费投入正成为各个国家和地区提升竞争力的重要战略。② 研发经费投入是开展科技创新活动的前提和保障，是保障一国赢得创新竞争的关键因素，是衡

① D. L. Bosworth, "The Rate of Obsolescence of Technical Knowledge: A Note", *Journal of Industrial Economics*, Vol. 26, No. 3, 1978.

② 朱承亮、王珺：《中国企业研发经费投入现状及国际比较》，《技术经济》2022年第1期。

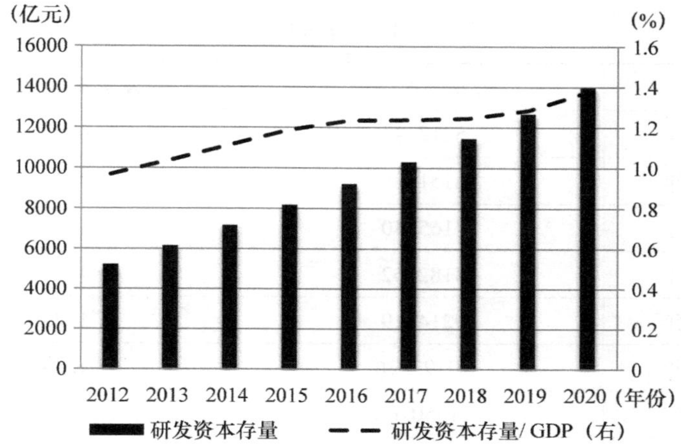

图 5－1　2012—2020 年中国研发资本存量及其占 GDP 比重（1978 年＝1）

量一个国家和地区科技创新水平的重要指标。① 新时代中国研发资本存量大幅增长，充分彰显了党的十八大以来中国对科技创新的高度重视。一方面，中国政府大力加强科技投入，相关统计显示，2021 年国家财政科技支出规模突破 1 万亿元，占国家公共财政支出比重达 4%；另一方面，企业研发经费投入力度不断加大，企业是名副其实的研发经费投入主体，相关统计数据显示，近年来在全社会研发经费投入中接近八成来自企业研发经费投入。此外，政府引导和鼓励企业创新的各项政策也逐步落实落细，极大地激发了企业创新活力。比如，企业研发费用加计扣除政策的享受范围和减免力度不断加大，企业研发费用加计扣除比例从 2012 年的 50%、2018 年的 75%，提升到目前科技型中小企业和制造业企业的 100%，相关统计数据显示，2021 年规上工业企业享受减免税金额接近 3000 亿元，是 2012 年的 9 倍。

① 朱承亮、王珺：《中国企业研发经费投入现状及国际比较》，《技术经济》2022 年第 1 期。

表 5－1　　2012—2020 年中国研发资本存量及其占 GDP 比重（1978 年 =1）

（单位：亿元，%）

	研发资本存量	研发资本存量/GDP
2012 年	5212.47	0.97
2013 年	6151.05	1.04
2014 年	7165.40	1.11
2015 年	8182.62	1.19
2016 年	9214.19	1.23
2017 年	10293.26	1.24
2018 年	11450.66	1.25
2019 年	12673.35	1.28
2020 年	13989.51	1.38

（三）新时代中国科技创新效率的国际比较

1. 测算方法

现有文献采用参数方法或非参数方法对科技创新效率的测算和国际比较问题进行了大量分析。从研究方法视角来讲，这两类研究方法及相关模型有待进一步修正。比如，由于各国科技创新环境存在显著差异，以随机前沿分析（SFA）模型为代表的参数方法受环境影响容易产生较大偏误，而传统数据包络分析（DEA）方法大都又面临着样本大小敏感性和极端值影响的问题。因此，采用这两类研究方法测算科技创新效率得到的研究结论有待进一步深入探讨。本书采用 Bootstrap-DEA 方法对中国科技创新效率进行测算，该方法不仅可以解决样本扰动问题，纠正传统 DEA 方法的偏误，还能提供相应置信区间，能客观科学地对科技创新效率进行测算分析与国际比较。

Bootstrap 方法最早由斯坦福大学教授 Bradley Efron 于 1979

年提出，它是基于原始样本进行抽样以获得新样本及统计量的非参数统计方法。为弥补传统 DEA 模型存在的不足，Simar 等从数据生成过程出发，将 Bootstrap 引入传统 DEA 模型，对传统模型进行纠偏并给出置信区间。① Bootstrap-DEA 方法的基本思想是对原始样本数据进行数值模拟，从而得到原始估计量的近似样本分布，进一步对总体的特征进行统计推断。关于 Bootstrap-DEA 模型的参数设定，本研究测算过程中将迭代次数设置为 2000 次（为保证模拟结果的真实性，迭代次数一般至少为 2000 次），置信水平设置为 95%。

按照美籍奥地利经济学家约瑟夫·熊彼特的观点，创新是建立一种新的生产函数，把一种生产要素和生产条件的新组合引入生产体系，也即创新是新工具或新方法的应用，从而创造出新的价值。可见，创新是一个经济概念，而不是一个科学概念或技术概念。根据创新的这一经济内涵，科技创新可以界定为将科学发现和技术发明应用到生产体系从而创造新价值的过程。可见，没有实现市场价值或者不强调市场价值实现的科学发现和技术发明，只能称之为科技进步，而不是科技创新。② 根据科技创新的内涵，结合现有科技创新效率测算的相关文献，本书选取 R&D 经费支出额（按现价美元计算）、R&D 人员全时当量（人年）作为科技创新投入指标，选取科技期刊文章数量③（篇）、专利申请量④（件）、高科技产品出口额（按现价

① Léopold Simar, Paul W. Wilson, "A General Methodology for Bootstrapping in Non - parametric Frontier Models ", *Journal of Applied Statistics*, Vol. 27, No. 6, 2000.

② 张来武：《科技创新驱动经济发展方式转变》，《中国软科学》2011 年第 12 期。

③ 指在下述领域出版的科学和工程类文章：物理、生物、化学、数学、临床医学、生物医学研究、工程和技术，以及地球和空间科学。

④ 指在世界范围通过《专利合作条约》程序或向国家专利部门提交的专利申请。

美元计算）作为科技创新产出指标。其中，科技期刊文章数量体现科学发现的成果，专利申请量体现技术发明的成果，高科技产品出口额体现市场价值实现的成果。

由于研发投入具有滞后效应，科技创新投入与产出之间存在一定的时间延迟，借鉴类似文献的处理方法，① 本书使用科技创新产出前5年的投入数据平均值作为科技创新投入，即第 t 年的科技创新产出数据对应的投入数据为第 $t-5$ 年至第 $t-1$ 年投入数据的平均值。

基于数据可得性，本书选取了2012—2018年经济合作与发展组织（OECD）中32个国家②及中国、罗马尼亚、俄罗斯、新加坡共36个国家作为观测样本进行科技创新效率测算分析。基础数据来源于世界银行数据库、经合组织数据库、联合国教科文组织Unesco数据库、联合国商品贸易统计Comtrade数据库等。

2. 结果分析

此处，我们重点提取了中国、美国、英国、法国、德国、俄罗斯、日本、韩国八大经济体进行科技创新效率对比分析（见表5－2）。可见，2012—2018年，中国、美国、英国、德国、日本以及韩国的科技创新效率未发生较大波动，整体处于0.8—0.9，基本保持稳定。但与其他国家不同的是，考察期内

---

① 王海峰、罗亚非、范小阳：《基于超效率DEA和Malmquist指数的研发创新评价国际比较》，《科学学与科学技术管理》2010年第31期；钟祖昌：《研发创新SBM效率的国际比较研究——基于OECD国家和中国的实证分析》，《财经研究》2011年第37期；Samuel B. Graves，Nan S. Langowitz，"R&D Productivity：A Global Multi－Industry Comparison"，*Technological Forecasting & Social Change*，Vol. 53，No. 2，1996。

② 由于数据缺失，OECD成员国的瑞士、澳大利亚、新西兰、以色列、哥伦比亚、哥斯达黎加未纳入观测样本。

俄罗斯科技创新效率呈现明显上升态势，而法国科技创新效率呈现明显下滑态势。在此期间，中国科技创新效率一直高于0.8，属于高投入高效率国家类型，但整体而言，中国科技创新效率与主要创新型国家相比还存在一定差距，科技创新效率还有进一步提升的空间。

表5－2　2012—2018年八大经济体科技创新效率值

	2012年	2013年	2014年	2015年	2016年	2017年	2018年
法国	0.7235	0.6808	0.6284	0.6028	0.6015	0.5711	0.5375
德国	0.8701	0.8969	0.8729	0.8341	0.8593	0.8656	0.8519
日本	0.8539	0.8667	0.8932	0.8465	0.8802	0.8607	0.8603
韩国	0.8606	0.8614	0.8691	0.8923	0.8677	0.8658	0.8601
英国	0.8719	0.8714	0.8697	0.8656	0.8669	0.8740	0.8850
美国	0.8534	0.8543	0.8552	0.8549	0.8864	0.8942	0.9049
中国	0.8501	0.8534	0.8569	0.8504	0.8561	0.8549	0.8482
俄罗斯	0.3506	0.3970	0.4567	0.4693	0.5827	0.6816	0.8440

科技创新效率大幅提高与中国高度重视科技创新工作是密不可分的。党的十八大以来，以习近平同志为核心的党中央提出创新是引领发展的第一动力，坚持把科技创新摆在国家发展全局的核心位置，中共中央、国务院相继印发了《国家创新驱动发展战略纲要》《“十三五”国家科技创新规划》等创新战略和规划文件，全面实施创新驱动发展战略，建设世界科技强国，实现科技自立自强。在国家科技创新战略以及一系列法规政策的指引下，中国科技创新投入和产出水平不断提升，科技创新水平实现了量质齐升，创新型国家建设取得重大进展，尤其是在面临着一些国家科技创新效率不断下降的情况下，中国科技创新效率依然在高水平上保持基本稳定。

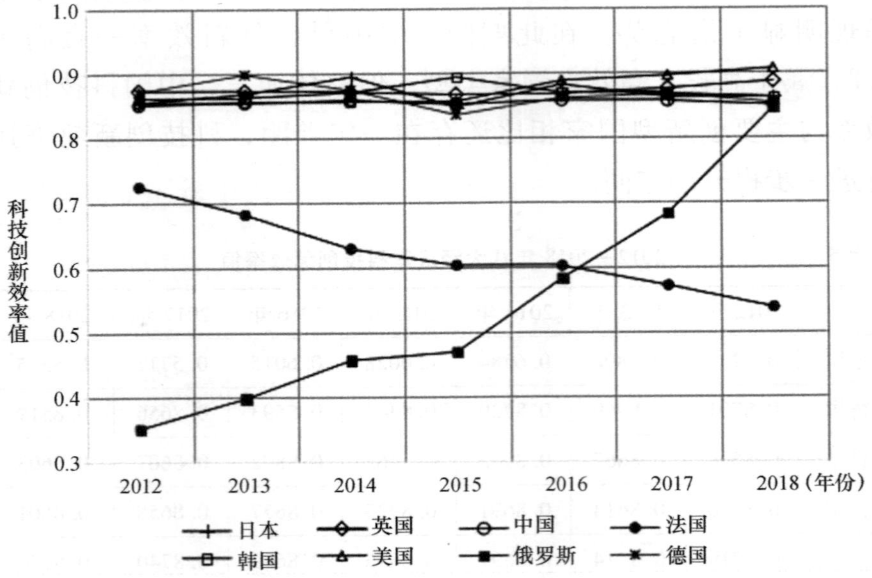

图 5－2　2012—2018 年八大经济体科技创新效率

（四）新征程中国科技创新发展的远景展望

1. 突出问题

实践证明，新时代中国科技创新发展之所以能够在投入、产出、成果、活力、体系、能力、支撑引领、体制机制、国际合作等方面取得伟大的历史性成就，根本在于有中国共产党的坚强领导和习近平经济思想的定向引航。但是，我们也需要看到，尽管中国科技创新发展取得了历史性成就，科技创新发展整体实力不断提升，但是与高质量发展、科技强国建设、社会主义现代化国家建设的目标和要求相比，中国科技创新能力还不适应高质量发展要求，尚无法满足建设科技强国和社会主义现代化国家的目标。党的二十大报告指出，当前中国“发展不平衡不充分问题仍然突出，推进高质量发展还有许多卡点瓶颈，科技创新能力还不强”。具体而言，中国科技创新发展还存在科技体系化能力不够强，科技体制应变能力不够快，创新体系整体效能还不高，科技投入效能不够高，原始创新能力不够强，创新资源整合力度还不大，科技创新力量布局有待优化，科技人才队伍结构有待优化，科技评价体系还不适应科技发展要求，科技生态需要进一步完善、科技创新产出质量还不够高、国际科技交流合作主导性有待进一步加强等问题。

从国际比较来看，中国科技创新效率和水平与世界主要创新型国家相比还有不少差距。基于上述科技创新效率的测算分析表明，虽然中国科技创新效率国际排名稳中有进，但仍落后于美国、德国、日本等世界主要创新型国家。2018 年，中国 R&D 强度为 2. 19%，科技创新效率值为 0. 8482，属于高投入高效率国家，但美国的 R&D 强度为 2. 83%，科技创新效率值为 0. 9049；德国的 R&D 强度为 3. 13%，科技创新效率值为 0. 8519；日本的 R&D 强度为 3. 28%，科技创新效率值为 0. 8603，美国、德国和日本的 R&D 强度和科技创新效率均高于中国。基于世界知识产权组织（WIPO）发布的《2022 年全球创新指数》和《2012 年全球创新指数》的对比分析也可以发现：在制度建设指标方面，尽管中国排名 2022 年比 2012 年提升了 79 名，但 2022 年仍排在第 42 位，中国制度建设仍需完善；在高等教育指标方面，中国从 2012 年的第 125 名提升到了 2022 年的第 92 名，排名严重靠后，中国高等教育改革任重道远；在生态可持续性指标方面，2022 年排名第 54 位，其中 GDP/能耗单位和环境表现均在 100 名之外，分别为第 104 名和第 115 名，说明中国科技创新支撑生态文明建设任重道远；在科技论文方面，从 2012 年的第 40 名提升至 2022 年的第 39 名，表明中国在同行评议的杂志上发表的科技论文数量和质量有待进一步提升；此外，中国创意商品和服务、网络创意水平均有待提升，2022

年分别为第33名和第77名。

2. 形势需求

从国际形势来看，当今世界百年未有之大变局加速演进，国际环境错综复杂，国际力量对比深刻调整，经济实力对比“东升西降”趋势更加明显，全球产业链供应链面临重塑，不稳定性不确定性明显增加。世界经济复苏乏力，全球经济正在从一个相对可预测的世界转向一个更加脆弱的世界。根据《世界经济黄皮书：2022年世界经济形势分析与预测》，全球经济仍处于中低速增长轨道，未来3—5年世界经济增长率将维持在3.0%—3.5%。新冠疫情影响深远，逆全球化、单边主义、保护主义思潮暗流涌动，局部冲突和动荡频发，世界进入新的动荡变革期。

从国内形势来看，当前中国经济发展环境的复杂性、严峻性、不确定性仍然存在，中国经济运行仍面临持续显现的需求收缩、供给冲击、预期转弱三重压力，经济内生增长动能仍然不足，实际经济增速仍显著低于潜在增速水平。① 根据中国社会科学院数量经济与技术经济研究所预测，基准情境下，“十四五”时期中国平均经济增速为5.3%，“十五五”时期将下降为4.3%，“十六五”时期将进一步下降为3.8%。以美国为首的一些西方国家在科技、经贸等方面设置壁垒，极力实施打压中国的战略和政策，使中国面临着比以往更为严峻的国际环境。新发展格局下实现高质量发展对科技创新的需求更加迫切。

从科技发展趋势来看，新一轮科技革命和产业变革突飞猛进，科技创新广度显著加大、深度显著加深、速度显著加快、精度显著加强，科学研究范式正在发生深刻变革，学科交叉融

---

① 中国社会科学院宏观经济研究智库课题组：《有效应对外部变化继续促进经济恢复》，《改革》2022年第10期。

合不断发展，科学技术和经济社会发展加速渗透融合。[①] 国际创新格局正在重塑，世界创新重心逐步向东转移，亚洲成为全球高端生产要素和创新要素转移的重要目的地。国际标准对新兴技术创新方向的影响日趋重要，全球科技治理体系影响凸显，新兴经济体将面临更高的国际规则要求。[②] 世界各国不断加强对科技研发的重视和支持，在信息、能源、生物等科技领域做出前瞻性布局，科技创新成为大国战略博弈的重要战场，围绕科技制高点的竞争日益激烈。

国家之争就是实力之争，根本是生产力之争，核心是科技创新能力之争。历史实践证明，一个国家一旦在某个科技领域领先或落后，就可能发生竞争位势的根本性变化。近代以来，中国曾由全球经济规模最大的国家沦为落后挨打的对象，其中一个很重要的原因就是与历次科技革命失之交臂，错失了发展良机，教训极其深刻。当前，中国发展进入战略机遇和风险挑战并存、不确定难预料因素增多的时期，开启了全面建设社会主义现代化强国新征程，必须直面风高浪急的国际环境和艰巨繁重的国内改革发展稳定任务，深度参与并赢得新一轮科技革命和产业变革竞争，正视中国科技创新发展存在的突出问题，坚持创新引领作用的发挥，下好科技创新先手棋，以科技创新支撑我国经济实现质的有效提升和量的合理增长，不断塑造发展新动能新优势。

3. 展望建议

党的十九大提出，到2035年中国要跻身创新型国家前列。党的二十大强调，未来五年科技创新的发展目标是“科技自立

---

① 习近平：《加快建设科技强国 实现高水平科技自立自强》，《求是》2022年第9期。

② 马名杰等：《全球科技创新趋势的研判与应对》，《经济日报》2021年1月22日第10版。

自强能力显著提升”，到2035年“实现高水平科技自立自强，进入创新型国家前列”。根据中国社会科学院数量经济与技术经济研究所预测，到2035年中国人均GDP将突破3万美元。通过与美国和日本的国际对标分析，2035年中国进入创新型国家前列，就主要关键指标而言，中国R&D投入强度应大于2.5%，基础研究占R&D比重应达到12%，公民具备基本科学素养的比例应达到25%。中国开启全面建设社会主义现代化强国新征程，在战略定位上必须坚持科技是第一生产力、人才是第一资源、创新是第一动力，深入落实科教兴国战略、人才强国战略、创新驱动发展战略。

一是加大教育改革力度。科技发展靠人才，人才培养靠教育。当前，中国已经建成了世界上规模最大的教育体系，但是教育领域不平衡不充分发展的现实问题依然存在，创新型人才和高素质劳动者还很缺乏。新征程要努力发展具有中国特色、世界水平、人民满意的现代教育。经济社会规划优化安排教育发展，财政资金优先保障教育投入，不断优化经费支出结构，提高教育经费使用效益。加快建设高质量教育体系，尤其是高等教育要走内涵式发展道路，以“双一流”建设为抓手，优化学科专业和人才培养布局，促进学科交叉融合，优化区域布局和资源配置，鼓励自由探索与有组织科研相结合，高水平科研与高水平教育教学互为支撑。统筹推进高等教育、职业教育和继续教育协同创新，高效推进产教融合、科教融汇、职普融通。全面推进素质教育，加强学生创新素养培育，全面提高创新能力培养。深化教育领域综合改革，完善学校管理和教育评价体系，坚决破除“五唯”，加强国际教育交流合作，推进教育数字化战略。

二是提升国家创新体系整体效能。现代化国家创新体系是由科技创新各主体、各方面、各环节的相互关系和内在联系构成的一个有机整体，是在更高层次、更大范围发挥创新引领作用的组织基础。当前，中国国家创新体系整体效能还不高，亟待加快建立健全系统、完备、各主体各方面各环节有机互动协同高效的国家创新体系，不断提升国家创新体系整体效能。促进以企业为主体、市场为导向、产学研深度融合的技术创新体系效能提升是提升国家创新体系整体效能的重要抓手，形成产学研深度融合、上中下游紧密衔接、大中小企业高度协同的良好创新格局。坚持科技创新和制度创新“双轮驱动”，明确企业、高等院校、科研院所、国家实验室、新型研发机构、创新联合体等创新主体在创新链不同环节的功能定位，激发各类主体的创新创业创造活力。国家战略科技力量坚持以明确的战略任务为牵引，形成差异化使命定位，对关键核心技术进行联合攻坚。推动有效市场和有为政府更好结合，充分发挥市场在科技创新资源配置中的决定性作用，充分发挥国家作为重大科技创新组织者的作用，加快转变政府科技管理职能，加快推进创新治理体系和治理能力现代化。

三是加快实施创新驱动发展战略。当前生产函数发生了深刻改变，科学技术对经济发展的作用越发凸显，中国必须推进以科技创新为核心的全面创新，加快实施创新驱动发展战略。坚持“四个面向”，加快启动和实施一批具有战略性、全局性前瞻性的国家重大科技项目，实现关键共性技术、前沿引领技术、现代工程技术、颠覆性技术创新的重大突破，为中国高质量发展开辟新领域、新赛道，塑造新动能、新优势。着力实施基础研究十年规划，聚焦经济社会发展中的关键瓶颈，凝练重大科学问题，布局建设一批基础学科研究中心，优化基础研究布局，以应用研究带动基础研究，着力提高源头供给能力。加大企业在创新资源配置中的主导权，充分发挥企业在技术创新决策、研发投入、科研组织和成果转化应用方面的主体作用。发挥大企业引领支撑作用，提升科技领军企业核心技术攻关能力，支持创新型中小微企业成长为创新重要发源地。进一步健全科技成果转化推进机制，扎实推进科技成果转化为现实生产力。遵循科技创新、产业发展、金融创新、人才成长的客观规律，构建科技、产业、金融、人才一体化政策体系，推动创新链、产业链、资金链、人才链深度融合。

四是深入实施人才强国战略。人才是第一资源，人才是自主创新的关键。当前，中国已经拥有了一支规模宏大的人才队伍，但是依然存在人才结构不够优化、人才发展体制机制改革“最后一公里”不畅通等问题。新征程要深入实施人才强国战略，全方位培养、引进、用好人才，为全面建成社会主义现代化强国提供人才支撑。深化人才发展体制机制改革，向用人主体充分授权，发挥用人主体主观能动性，遵循人才成长规律和科研规律，完善人才管理制度，深化科研项目和经费管理改革，加快建立以创新价值、能力、贡献为导向，有利于科技人才潜心研究和创新的人才评价体系。加快建设国家战略人才力量，大力培养使用战略科学家，打造一批一流科技领军人才和创新团队，造就规模宏大的青年科技人才队伍，培养大批卓越的工程师。在北京、上海、粤港澳大湾区建设高水平人才高地，在南京、武汉、西安建设吸引和集聚人才的平台，开展人才发展体制机制综合改革试点，为人才提供一流创新平台，加强人才国际交流，聚天下英才而用之，加快建设世界重要人才中心和创新高地。坚持营造识才、爱才、敬才、用才的环境，在全社会营造尊重劳动、尊重知识、尊重人才、尊重创造的良好氛围。

六　能源消费强度分析

能源是经济发展的物质基础，直接关系到国家安全与社会可持续发展。作为“第一能源”，节能对于促进能源消耗与经济协同发展具有重要意义。纵观中国能源领域的发展，节能在解决能源供需问题、建设低碳可持续发展模式、推动能源消费革命等重大决策上起到至关重要的作用，已成为中国能源发展战略的核心组成部分。

（一）党的十八大以来中国节能政策的演进

党中央高度重视节能工作，在2014年6月13日召开的中央财经领导小组会议上，习近平总书记指出，推动能源消费革命，抑制不合理能源消费。坚决控制能源消费总量，有效落实节能优先方针，把节能贯穿于经济社会发展全过程和各领域，坚定调整产业结构，高度重视城镇化节能，树立勤俭节约的消费观，加快形成能源节约型社会，是新时代中国节能工作的根本遵循。①“十二五”以来，中国开始探索实施以能耗“双控”为核

① 《习近平：积极推动我国能源生产和消费革命》，2014年6月13日，中国政府网，http：//www. gov. cn/xinwen/2014 - 06/13/content_2700479. htm。

心的节能政策，开启了节能降耗工作的新局面。综合来看，中国能耗“双控”政策演进可以分为以下三个阶段。

第一阶段，能耗“双控”政策的探索。一方面，面对日益严重的能源环境问题，中国不断加大节能降耗工作力度。《国民经济和社会发展第十一个五年规划纲要》首次将单位 GDP 能耗下降率作为约束性指标，提出“十一五”时期单位 GDP 能耗降低 20% 的目标，《国务院关于进一步加大工作力度确保实现十一五节能减排目标的通知》《节能减排综合性工作方案》等一系列文件对相关工作进行了部署。经过各方面的共同努力，中国节能降耗工作成效显著，单位 GDP 能耗上升的趋势得到根本性扭转，为节能降耗工作深入推进奠定了坚实的基础。另一方面，随着中国工业化、城镇化加速推进，能源环境依然复杂严峻，节能降耗任务依然艰巨。在这种背景下，中国开始探索能耗“双控”政策：《国民经济和社会发展第十二个五年规划纲要》在继续将单位 GDP 能耗下降 16% 作为约束性指标的同时，提出“全面实行资源利用总量控制”的要求；《能源发展“十二五”规划》提出“实施能源消费强度和消费总量双控制”，进一步明确了“十二五”期间能源消耗总量、能源消费强度的目标；《“十二五”节能减排综合性工作方案》将单位 GDP 能耗指标进行了区域分解，明确了各省市单位 GDP 能耗下降目标，并提出了“实现节约能源 6.7 亿吨标准煤”的目标，能耗“双控”的政策框架开始初步显现。

第二阶段，能耗“双控”政策的形成。“十二五”时期，中国节能降耗工作成效显著，在保持经济持续稳定增长的同时，单位 GDP 能耗下降 18.4%，超额完成了“十二五”规划目标要求，为“十三五”节能降耗工作奠定了坚实的基础。尽管成效显著，但中国资源环境问题没有得到根本性解决，为了进一步强化节能优先战略要求，能耗“双控”政策开始全面实施。党的十八届五中全会通过的《中共中央关于制定国民经济和社会发展第十三个五年规划的建议》提出，“强化约束性指标管理，实行能源和水资源消耗、建设用地等总量和强度双控行动”；“国民经济和社会发展第十三个五年规划纲要”在继续将“单位GDP能耗下降15%”作为约束性指标的基础上，要求“能源消费总量控制在50亿吨标准煤以内”。2017年1月，国务院发布《“十三五”节能减排综合工作方案》，对相关工作进行部署：围绕能耗“双控”目标，明确各领域节能降耗工作具体要求，加强相关制度政策的完善；对各省市能源消费强度下降和能源消费总量控制进行了分解，落实各省市能耗“双控”的具体目标任务；强化了能耗“双控”目标完成情况的考核，“国务院每年组织开展省级人民政府节能减排目标责任评价考核，将考核结果作为领导班子和领导干部年度考核、目标责任考核、绩效考核、任职考察、换届考察的重要内容”，同时要求“组织开展节能减排专项检查，督促各项措施落实”。“十三五”时期，能耗“双控”政策体系基本形成，成为中国节能降耗工作的核心。

第三阶段，能耗“双控”政策的完善。能耗“双控”政策的实施成效显著，尽管面临多方面的压力，2020年中国能源消费总量为49.8亿吨标准煤，很好地完成了“十三五”规划目标，为生态文明建设做出重要贡献。2020年9月22日，习近平总书记在第七十五届联合国大会一般性辩论上的重要讲话中提出，“中国将提高国家自主贡献力度，采取更加有力的政策和措施，二氧化碳排放力争于2030年前达到峰值，努力争取2060年前实现碳中和”。推进碳达峰碳中和是党中央经过深思熟虑作出的重大战略决策，事关中华民族永续发展和构建人类命运共同体，是新时代中国生态文明建设的中心工作。“十四五”以来，中国开启了全面建设社会主义现代化国家的新征程，生态文明建设提出了更高要求，特别是统筹推进资源节约、生态环境保护与经济增长协同发展成为新阶段的重要任务。在这种背景下，进一步完善和优化能耗“双控”政策成为节能降耗工作的重点。2021年3月15日，习近平总书记在中央财经委员会第九次会议上提出，“完善能耗‘双控’制度”；[①] 2021年12月召开的中央经济工作会议进一步强调，“要科学考核，新增可再生能源和原料用能不纳入能源消费总量控制，创造条件尽早实现能耗‘双控’向碳排放总量和强度‘双控’转变，加快形成减污降碳的激励约束机制，防止简单层层分解”。《国民经济和社会发展第十四个五年规划和二〇三五年远景目标纲要》在进一步强化单位GDP能耗下降率为约束性指标的同时，提出“完善能源消费总量和强度双控制度，重点控制化石能源消费”；《中共中央　国务院关于完整准确全面贯彻新发展理念做好碳达峰碳中和工作的意见》要求强化能源消费强度和总量双控，“坚持节能优先的能源发展战略，严格控制能耗和二氧化碳排放强度，合理控制能源消费总量，统筹建立二氧化碳排放总量控制制度”。根据新的要求，《“十四五”节能减排综合工作方案》将“完善实施能源消费强度和总量双控”作为总体要求的重要内容，强化能耗强度降低约束性指标管理，有效增强能源消费总量管理弹性，加强能耗双控政策与碳达峰、碳中和目标任务的衔接，具体措施包括合理确定各地区能耗强度降低目标，实行基本目标和激励目标双目标管理，完善能源消费总量指标确定和考核方式，科学确定能源总量和强度考核范围，加强对国家重大项目的支持，加强预警和用能预算管理。总体来看，能耗“双控”依然是中国节能降碳工作的重要内容，相关政策的完善不仅有助于提高政策的精准度，强化政策效果，而且对于推动能耗“双控”与碳“双控”的融合具有重要意义。

① 《习近平主持召开中央财经委员会第九次会议》，2021年3月15日，中国政府网，http://www.gov.cn/xinwen/2021-03/15/content_5593154.htm。

（二）党的十八大以来能源强度变化趋势分析

能耗“双控”制度的核心是对能源强度和能源消费总量的控制，其中能源强度能够从经济视角衡量能源效率，是约束性更强的评价指标，是节能工作考核的重点。分析中国能源强度变化趋势可以有效把握中国经济发展与能源消费的关系，能够对能耗“双控”政策效果做出较为准确的评价。

1. 能源效率与能源强度

能源效率是指单位能源所能带来的效益，世界能源委员会（WEC）将其定义为“减少提供同等能源服务的能源投入”。从不同视角来看，能源效率指标具有多种划分标准：按生产要素框架进行划分，能源效率指标可以分为热力学指标、物理—热量指标、经济—热量指标和纯经济指标。① 不同的指标含义不同，热力学指标具有一定的局限性，主要应用于热传导、运输、电气设备等领域，计算方法完全依赖对投入产出的热量测度；物理—热量指标是对热力学指标的一种改进，可以用于部分行业能源效率的测算，指标中能源投入是以热量单位计算，产出是以产出对象测度单位计算；经济—热量指标较为常见，有“能源—GDP”和“GDP—能源”两种形式，前者被称为能源强度，后者被称为能源生产率，二者互为倒数，指标中产出以市场价格为准，能源投入以热量单位计算；纯经济指标是根据投入能源的市场价值与产出的市场价值来进行测量，简单来说就是将经济—热量指标中能源投入通过市场价值表现出来，虽然

① 魏楚、沈满洪：《能源效率与能源生产率：基于 DEA 方法的省际数据比较》，《数量经济技术经济研究》2007 年第 9 期。

一定程度上解决了能源不同质的问题，但由于能源转化率难以测度等问题，这种方法难以落实。按照宏微观层面能源效率指标可以划分为经济指标和物理指标，其中经济指标为宏观指标，可以分为能源成本效率和单位产值能耗，国家所说的综合能源效率指标是指单位 GDP 的能源需求，即单位产值能耗；物理指标在不同部门有不同的产出单位，例如工业部门表现为单位产品能耗，在服务业和建筑物表现为单位面积能耗。①

单位产值能耗又被称为能源强度，是指一个国家或地区、部门或行业，一定时间内单位产值消耗的能源量。能源强度是衡量能源效率的经济指标之一，反映经济对能源的依赖程度以及能源利用的效益。② 与能源效率相比，能源强度更为具体，因此可以更直接、更准确地反映节能工作的成效。

2. 能源强度测算

能源强度用公式表示为：

$$EI = \frac{E}{G} \qquad (6-1)$$

其中，EI 代表能源强度，E 代表一国或地区在一定时期内能源消费总量，G 代表该时期国内生产总值（GDP）。能源强度与能源消费总量以及 GDP 变化有直接联系，因此研究中国能源强度首先研究中国能源消费总量与 GDP 趋势变化。

能源消费弹性系数是能源消费增长速度与国民经济增长速度的比例关系，能源消费弹性系数 = 能源消费增长速度/GDP 增长速度，即经济每增长 1 个百分点，相应的能源消费需要增长多少个百分点。能源消费弹性系数变化可以反映经济增长过程

① 王庆一：《能源效率及相关政策和技术》，《应用能源技术》2002 年第 6 期。

② 王庆一：《中国的能源效率及国际比较（上）》，《节能与环保》2003 年第 8 期。

中以及能源消费对经济的影响，反映经济增长对能源消费的依赖程度，因此分析能源消费弹性系数有助于我们分析能源消费总量与能源强度变化。

本书对能源消费量等数据的选取，其中2015—2021年的数据来源于2021年的《中国能源统计年鉴》和2022年的《中国统计年鉴》，2012—2014年的数据来源于2014年的《中国能源统计年鉴》。对国内生产总值以及分产业产值及其指数的数据选取，本书采用2022年《中国统计年鉴》相关数据，以2010年不变价为基准计算而来，通过对相关数据进行选取，测算出中国分产业能源消费与能源强度趋势（见表6－1、图6－1）。

表6－1　　2012—2020年中国分产业能源强度变化趋势

	能源强度	第一产业	第二产业	工业	建筑业	第三产业	单位GDP生活能耗
2012年	0.8258	0.1761	1.3164	1.5068	0.1972	0.2752	0.0869
2013年	0.7944	0.1725	1.2853	1.4793	0.1996	0.2648	0.0868
2014年	0.7598	0.1654	1.2586	1.4624	0.1896	0.2471	0.0837
2015年	0.7194	0.1632	1.2326	1.4382	0.1866	0.2345	0.0836
2016年	0.6847	0.1644	1.1885	1.3935	0.1816	0.2223	0.0843
2017年	0.6610	0.1730	1.1287	1.3244	0.1758	0.2170	0.0833
2018年	0.6411	0.1704	1.0944	1.2887	0.1710	0.2112	0.0821
2019年	0.6250	0.1628	1.1016	1.3085	0.1674	0.2010	0.0791
2020年	0.6243	0.1509	1.1344	1.3543	0.1670	0.1904	0.0807

资料来源：笔者计算。

3. 测算结果分析

总体来看，2021年中国单位国内生产总值能耗比2012年累计降低26.39%，年均下降3.3%，达到了节能减排“十二五”“十三五”规划的要求。节能减排政策取得良好成效，第一产业

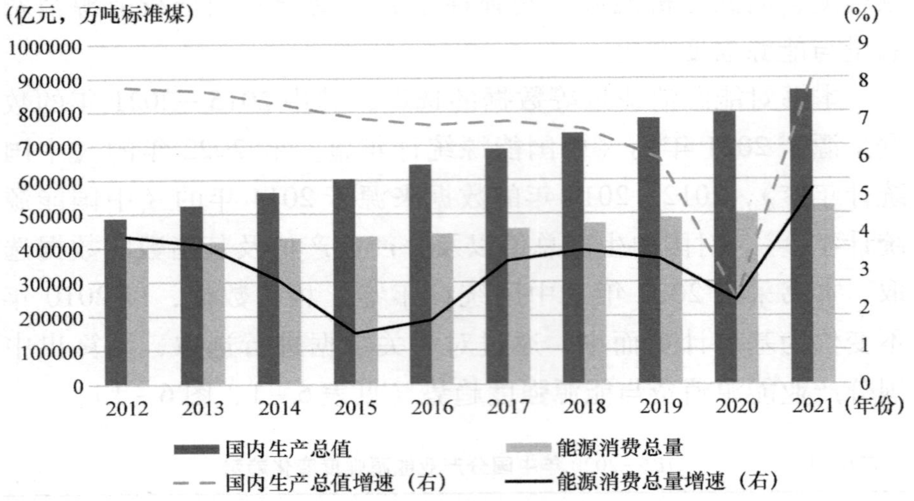

图 6－1　2012—2021 年中国国内生产总值与能源消费量变化趋势

资料来源：《中国统计年鉴》《中国能源统计年鉴》。

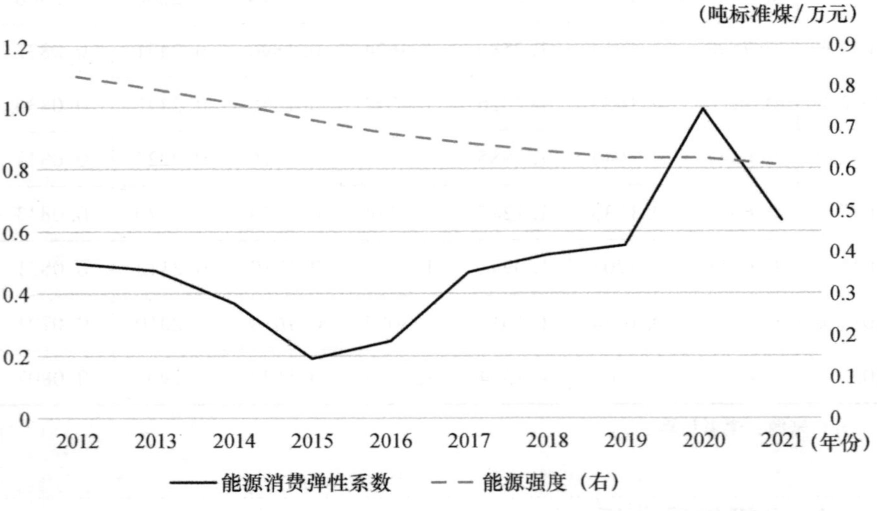

图 6－2　2012—2021 年中国能源消费弹性及能源强度变化趋势

资料来源：《中国统计年鉴》《中国能源统计年鉴》。

能源强度下降 14.28%，第二产业能源强度下降 13.77%，第三产业能源强度下降 30.79%，各大产业向着高质量发展，行业企业节能减排措施得到加强。工业节能取得显著成效，能源强度下降达到 24.75%。2012—2021 年，中国以能源消费年均 3.0% 的增长支撑了国民经济年均 7.7% 的增长，很好地遵循了中国生态文明建设理念，支撑了绿色低碳发展。

“十二五”时期：中国能源强度整体降低 18.4%，到 2015 年，能源消费总量增速同比下降到 1.35%，完成了“十二五”规划的节能目标。能源消费弹性系数稳步降低，截至 2015 年年底，弹性系数回落到 0.19，经济增长对能源消费依赖程度逐步减小。

“十三五”时期：能源强度从 0.7194 吨标准煤/万元下降到 0.6249 吨标准煤/万元，总体下降了 13.22%，基本完成了“十三五”能源规划的要求。2020 年受新冠疫情影响，国民经济增速放缓，能源对劳动力替代效应增强，能源消费弹性系数短暂反弹，能源强度下降放缓，第二产业能源强度略有反弹，因此排除 2020 年受疫情因素干扰，能源消费弹性系数均值在这一阶段保持在 0.6 以下，能源强度稳定保持下降态势。

（三）能源效率变化的因素分析

能源强度变化由多种因素构成，其中较为主要的因素是技术与产业结构，通过分析二者对能源强度的作用对我们推动节能政策体系建设有重要意义。

1. 因素分解法

因素分解法可以分解能源强度变化的影响因素，是目前能源领域分析能源强度变化的主要工具。假定经济中有 m 个行业，

在时间 t 的能源消耗及产出定义如下：E 为全国能源总消耗量，E_i为产业 i 的能源消耗量，Y 为全国总产出，Y_i为行业 i 的产出，$S_i = Y_i/Y$，为行业 i 的产出份额，$I = E/Y$ 为总能源强度，$I_i = E_i/Y_i$为行业 i 的能源强度。

总能源强度可以用行业产出份额和行业能源强度表示，即可以用经济结构和行业能源效率表示。

$$I = \sum_i I_i S_i \quad (6-2)$$

假定经济从时间 0 变化到时间 T，能源强度的变化为：

$$VI_{tot} = I_T - I_0 = VI_{str} + VI_{int} \quad (6-3)$$

$$D_{tot} = I_t/I_0 = D_{str}D_{int} \quad (6-4)$$

其中，VI_{str}，D_{str}代表结构因素，VI_{int}，D_{int}代表行业效率因素，也就是技术进步因素。

在能源领域应用较多的因素分解法有拉氏指数法和迪氏指数法，式（6－3）被称为加法分解，式（6－4）被称为乘法分解，不同的分解方式均可采用拉式指数法和迪氏指数法。

2. 测算方法

与拉氏指数法对解释变量求微分不同，迪氏指数法更为复杂，是在对时间的基础上的展开。国内外学者对因素分解法的研究中，对迪氏指数分解法更为推荐，Ang 综合多种因素分析认为，拉氏指数分解中残量过大会影响分解结果，而迪氏指数分解法能够消除残差项，并可以在加和分解与乘积分解之间建立一定关系。① 吴滨等从中国行业现状分析，指出中国能源消费由于以工业能源消费为主导，工业能源强度远高于其他行业，存在高估行业变动效率的可能性，建议采用基期年份和目标年份相结合的权重方法，推荐用迪氏指数分解法进行因

① B. W. Ang, "Decomposition Analysis for Policy Making in Energy: Which is the Preferred Method", *Energy Policy*, Vol. 32, 2004.

素分解。①

平均迪氏指数分解法如下：

对式（6-2）中的时间 t 求导，再除以 I_t 得：

$$\mathrm{d}I_t/\mathrm{d}t/I_t = \sum_i [(I_{it}/I_t)(\mathrm{d}S_{it}/\mathrm{d}t) + (S_{it}/I_t)(\mathrm{d}I_{it}/\mathrm{d}t)]$$

$$(6-5)$$

其中：

$$I_{it}/I_t = (E_{it}/Y_{it})/(E_t/Y_t) = (E_{it}/E_t)/S_{it} \quad (6-6)$$

$$S_{it}/I_t = (Y_{it}/Y_t)/(E_t/Y_t) = Y_{it}/E_t = (E_{it}/E_t)/I_{it}$$

$$(6-7)$$

将式（6-4）、式（6-5）代入式（6-3）并令 $w_i = E_{it}/E_t$，即产业能耗份额，有：

$$\mathrm{d}I_t/\mathrm{d}t/I_t = \sum_i [(w_i/S_{it})(\mathrm{d}S_{it}/\mathrm{d}t) + (w_i/I_{it})(\mathrm{d}I_{it}/\mathrm{d}t)]$$

$$(6-8)$$

改为对数形式则有：

$$\mathrm{d}\ln(I_t)/\mathrm{d}t = \sum_i w_i [\mathrm{d}\ln(S_{it})/\mathrm{d}t + \mathrm{d}\ln(I_{it})/\mathrm{d}t] \quad (6-9)$$

对式（6-7）左右从 0 到 T 积分：

$$\ln(I_T/I_0) = \int_0^T \sum_i w_i [\mathrm{d}\ln(S_{it})/\mathrm{d}t] + \int_0^T \sum_i w_i [\mathrm{d}\ln(I_{it})/\mathrm{d}t]$$

$$(6-10)$$

对式（6-8）左右进行指数运算，即可得到结果，其中：

$$D_{\mathrm{str}} = \mathrm{epx}\left\{\int_0^T \sum_i w_i [\mathrm{d}\ln(S_{it})/\mathrm{d}t]\right\}$$

$$D_{\mathrm{int}} = \exp\left\{\int_0^T \sum_i w_i [\mathrm{d}\ln(I_{it})/\mathrm{d}t]\right\}$$

采用 2010 年为基准的不变价计算，将能源强度变化进行迪

---

① 吴滨、李为人：《中国能源强度变化因素争论与剖析》，《中国社会科学院研究生院学报》2007 年第 2 期。

氏指数分解，分行业能源强度测算结果见表6－2。

表6－2　　2013—2020 年能源强度因素分解　　（单位：吨标准煤/万元）

	结构变化因素	技术进步因素	余值	强度变化	生活用能分解余值
2013 年	－0. 009554832	－0. 015129085	0. 00000514	－0. 024790637	－0. 000111864
2014 年	－0. 008563497	－0. 016122669	0. 00000444	－0. 027031877	－0. 002350153
2015 年	－0. 01802462	－0. 013389105	0. 00001463	－0. 031470311	－0. 000071211
2016 年	－0. 00892316	－0. 018580381	0. 00000921	－0. 026954225	0. 000540105
2017 年	0. 002451919	－0. 02010832	0. 00000256	－0. 018366958	－0. 000713116
2018 年	－0. 001411926	－0. 01307299	0. 00000178	－0. 015414638	－0. 000931505
2019 年	－0. 007738161	－0. 002733522	0. 00000055	－0. 012840536	－0. 002369405
2020 年	－0. 005975828	0. 004362761	0. 00000092	－0. 000380147	0. 001231998

资料来源：笔者计算。

根据测算结果，2013—2020 年中国技术进步因素和产业结构因素与能源强度均为同向变化，说明党的十八大以来技术进步与产业结构优化均促进了中国能源强度下降。由图6－3可以

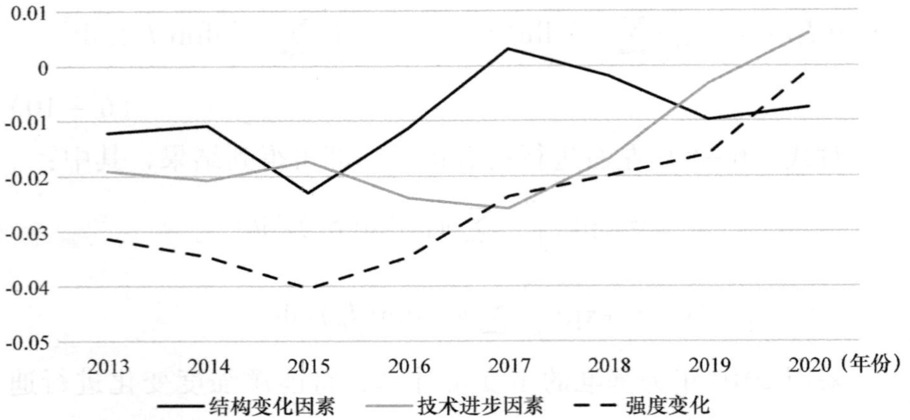

图6－3　2013—2020 年能源强度因素分解

资料来源：笔者计算。

看出，结构变化因素与技术进步因素均起到了降低能源消费强度的作用，其中技术进步对能源强度下降的贡献率约为62.14%，结构变化因素的贡献率约为37.86%，说明技术进步为这一阶段能源强度下降的主要因素。

3. 因素分析

结构因素与技术进步因素是影响能源强度变化的主要因素，通过研究党的十八大以来二者的变化，有助于分析未来中国能源强度下降的潜在机会与挑战。

（1）结构因素分析

产业结构调整是能源强度下降的重要支撑，已有文献对中国各部门能源消费研究，结构因素对中国能源消费有着巨大作用。① 受限于数据，因素分解法只局限于产业分类这一层面，行业细分不足会高估技术进步因素、低估结构因素，最终会影响迪氏因素分解法结果，② 而如果有充分的细分行业数据支撑，结构因素的影响会更大一些，综合考虑能源强度分解受行业分类的影响，本章的分解只能初步反映出能源强度受影响的大小，对产业结构因素的影响略有低估，但也能够基本反映出能源强度影响的来源。

从节能政策来看，优化产业结构对于能源强度目标实现发挥着重要作用，产业结构优化主要有以下三个方面。

第一，三大产业占比优化。新时代十年是第三产业蓬勃发展的十年。2012 年，第三产业占比达到45.5%，超过第二产业，并保持稳定增长，“十二五”时期末第三产业占比达到50.8%，“十三五”时期结束第三产业占比进一步提高到

① 史丹：《结构变动是影响我国能源消费的主要因素》，《中国工业经济》1999 年第 11 期。

② 吴滨、李为人：《中国能源强度变化因素争论与剖析》，《中国社会科学院研究生院学报》2007 年第 2 期。

54.5%。近年来，第三产业保持较高水平的增长，中国产业结构的调整和经济增长动能的转换是能源需求消费放缓、能源强度下降的重要原因（见图6-4）。

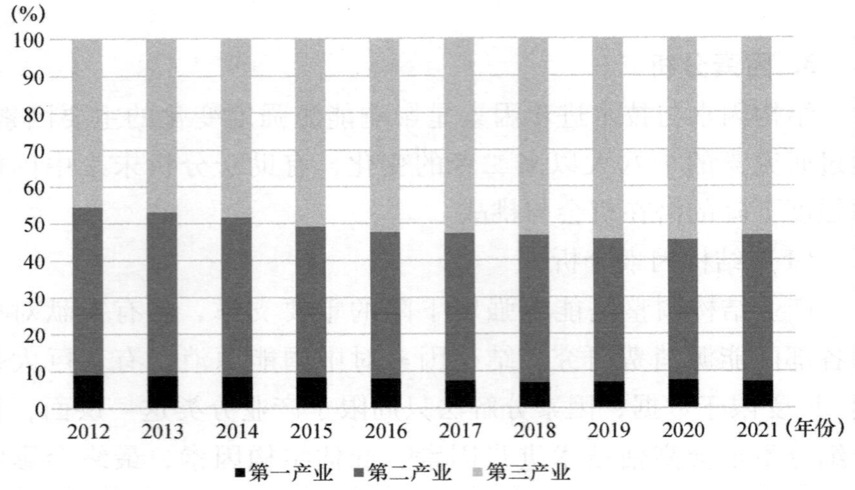

图6-4 2012—2021年中国分三次产业结构占比

资料来源：《中国统计年鉴》。

第二，工业内部结构优化。工业是主要的耗能大户，也是节能降耗工作的重点。在工业内部，石油、煤炭及其他燃料加工业，化学原料和化学制品制造业，非金属矿物制品业，黑色金属冶炼和压延加工业，有色金属冶炼和压延加工业，电力、热力、燃气及水生产和供应业在内的六大行业占中国工业能耗总量比重大，是结构调整的主要领域。近年来，以供给侧结构性改革为主线，加大了对相关行业的调整力度，坚决淘汰落后产能，积极推动行业内部优化。整体来看，高耗能行业能耗占比呈现上升趋势，但综合考虑行业发展和能耗的关系，高耗能行业能效明显上升（见表6-3、图6-5）。

表 6 – 3　　六大高耗能行业分行业占工业能耗比重　　（单位：%）

	2012 年	2013 年	2014 年	2015 年	2016 年	2017 年	2018 年	2019 年	2020 年
石油、煤炭及其他燃料加工业	6.61	6.61	6.75	8.17	8.17	8.75	9.22	10.10	10.60
化学原料和化学制品制造业	14.95	15.14	15.89	16.74	16.82	16.33	16.48	16.52	17.05
非金属矿物制品业	13.28	12.56	12.46	12.02	11.76	11.03	10.54	10.34	10.64
黑色金属冶炼和压延加工业	23.66	23.65	23.22	21.76	21.27	20.79	20.02	20.27	20.10
有色金属冶炼和压延加工业	5.49	5.71	7.15	7.02	7.11	7.71	7.92	7.58	7.65
电力、热力、燃气及水生产和供应业	9.01	9.67	9.44	9.53	10.21	10.50	10.79	10.80	10.68

资料来源：笔者计算。

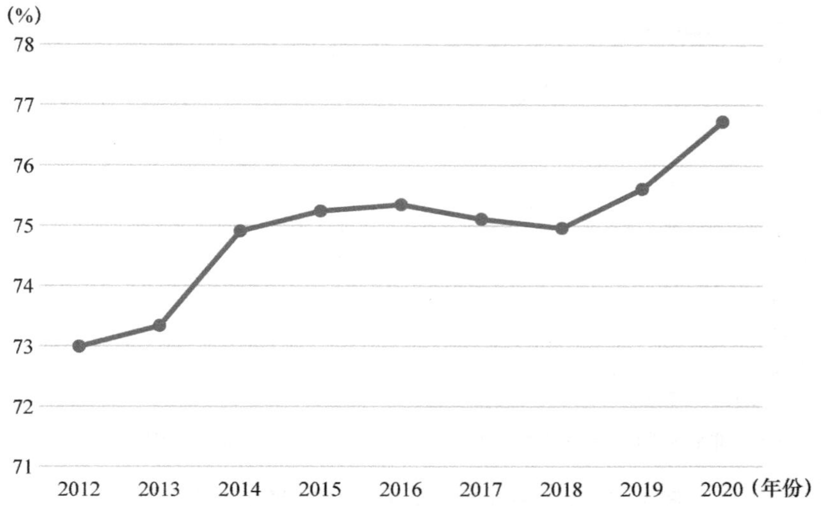

图 6 – 5　2012—2020 年六大高耗能行业能耗占工业能耗总量比重

资料来源：笔者计算。

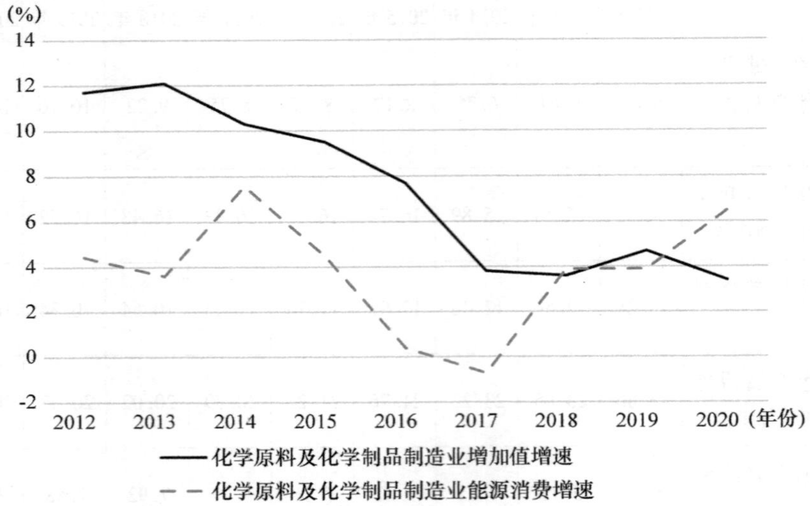

图 6-6　2012—2020 年化学原料和化学制品制造业变化趋势

资料来源：国家统计局。

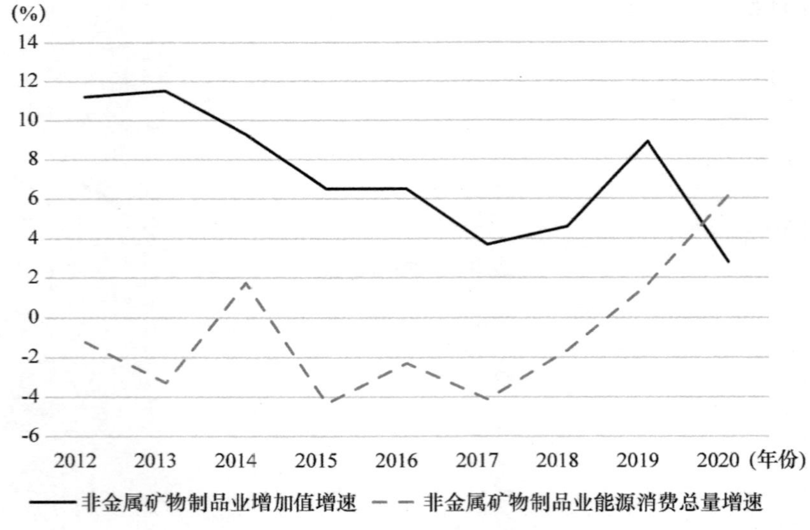

图 6-7　2012—2020 年非金属矿物制品业变化趋势

资料来源：国家统计局。

为了更加直观地分析党的十八大以来中国高耗能行业能效水平变化，本书选取六大高耗能行业中的四个，对其增加值增速与能源消费总量增速进行比较分析（见图6－6至图6－9）。可以看出，党的十八大以来，高耗能行业增加值增速整体有所减缓，而能源消费增速普遍低于行业增加值能耗，在一定程度上反映高耗能行业能效得到明显改善。

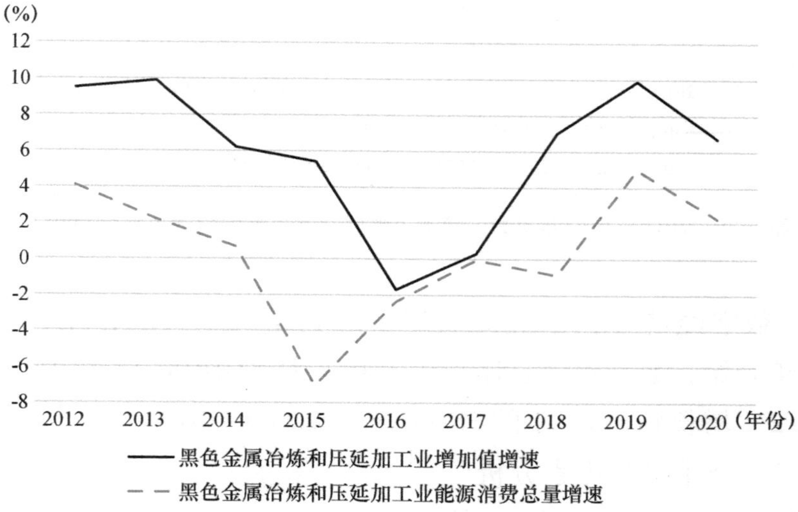

图6－8　2012—2020年黑色金属冶炼和压延加工业变化趋势

资料来源：国家统计局。

第三，新兴产业的发展。积极培育新兴产业是结构调整的重要内容，对降低能源强度起到了重要作用。近年来，中国加快新一代信息技术、高端装备、新材料、生物、新能源、新能源汽车、节能环保、数字创意等战略性新兴产业的发展，加大对新领域、新业态、新模式的支持力度，特别是云计算、大数据、5G技术的广泛应用使得数字经济成为新时代推动产业结构优化的重要动力。党的十八大以来，中国数字经济得到了较快

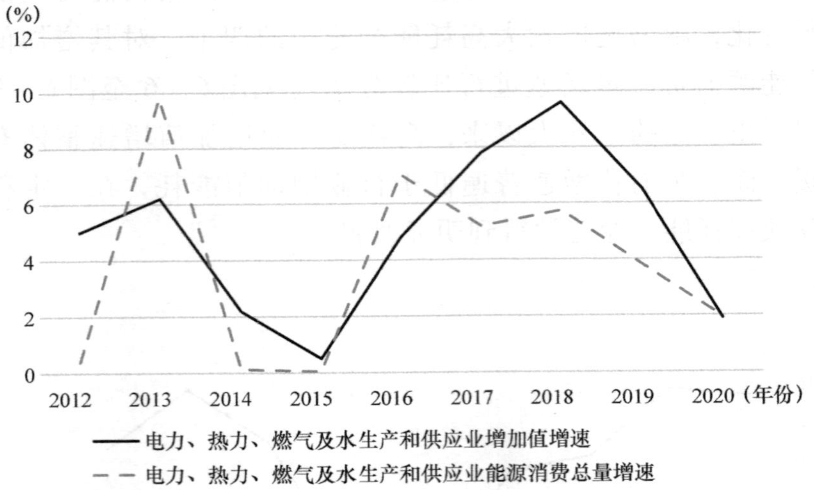

图 6－9　2012—2020 年电力、热力、燃气及水生产和供应业变化趋势

发展。数字经济在国家经济发展中起到越来越大的作用，[①] 从2005 年开始，数字经济总体规模不断扩大，GDP 占比从 2005 年的 14.2% 增长到 2020 年的 38.60%（见图 6－10）。

（2）技术进步因素分析

根据前文的分析可知，技术进步是中国能源强度下降的最为主要的因素。近年来，中国高度重视节能降耗技术创新：积极推广成熟节能减排技术产业化示范和应用，加快产业化基地建设；发布节能环保技术推广目录，推广先进、成熟的新技术、新工艺、新设备和新材料；国家科技重大专项和国家科技计划（专项）重视对节能减排相关行业的科研力度，加强产学研联盟建设；完善节能环保技术创新体系，在节能关键技术领域取得突破。

①节能技术推广

近年来，中国高度重视节能技术体系建设和先进节能技术

① 中国信息通信研究院：《中国数字经济发展白皮书》，2021 年。

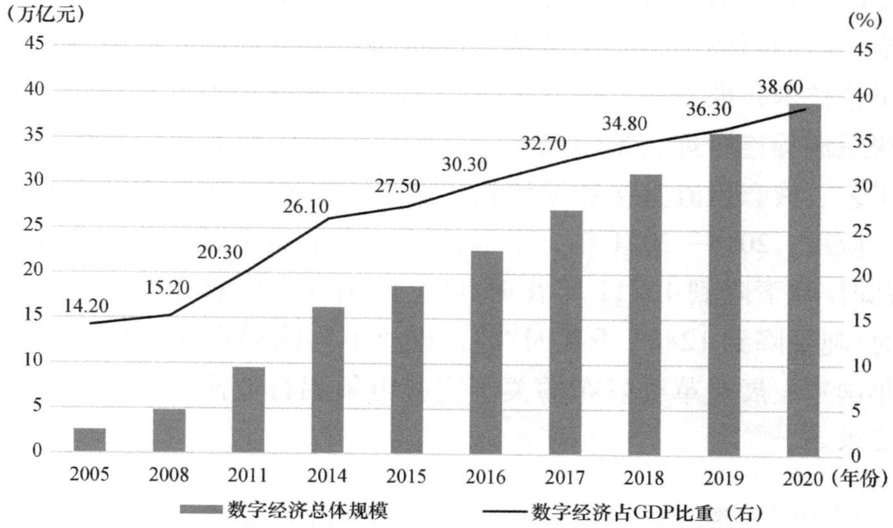

图6－10　数字经济规模及占比

资料来源：中国信息通信研究院：《中国数字经济发展白皮书》，2021年。

推广工作。2008—2013年，国家发展和改革委员会连续发布《国家重点节能技术推广目录》，推动以煤炭、电力、钢铁、有色、石油石化、化工为主的行业重点节能技术的推广普及，引导全社会用能单位学习应用先进的节能新工艺、新技术和新设备，从而促进能源利用效率提高。2014年，根据新的形势，《国家重点节能技术推广目录》进行了修订，先后发布了《国家重点节能低碳技术推广目录（2014）》《国家重点节能低碳技术推广目录（2017）》《国家工业节能技术装备推荐目录（2018）》《国家工业节能技术装备推荐目录（2019）》等。2021年，国家发展改革委发布了《绿色技术推广目录（2020年）》，详细介绍了节能环保、清洁生产、清洁能源以及生态环境四大产业下共计112项绿色技术及其核心工艺，推动低碳技术与节能技术在中国的推广与应用。与之相应，相关部门加大了对节能技术应用的税收等方面的优惠，积极推进相关技术的推广。

党的十八大以来，节能技术推广成效显著，重点高耗能行业能源技术水平明显提高（见图 6－11）。有色金属行业：重点推广新型阴极结构铝电解槽、低温高效铝电解等先进节能生产工艺技术，推进氧气底吹熔炼技术、闪速技术等广泛应用，加快短流程连续炼铅冶金技术、连续铸轧短流程有色金属深加工工艺、液态铅渣直接还原炼铅工艺与装备产业化技术开发和推广应用。2017—2021 年，全国铝锭综合交流电耗由 13577.2 千瓦时/吨下降到 13511 千瓦时/吨，原铝直流电耗由 12916 千瓦时/吨下降到 12823 千瓦时/吨，行业平均能耗指标已低于 2021 年国家发展改革委发布的关于完善电解铝行业阶梯电价政策的要求。

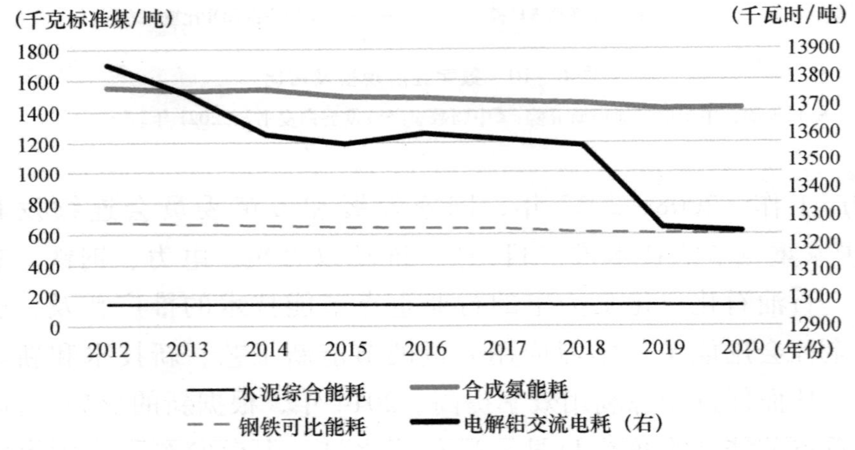

图 6－11　2012—2020 年中国部分高耗能行业能耗变化

资料来源：《中国统计年鉴》、中国钢铁协会。

钢铁行业：中国不断优化高炉炼铁炉料结构，降低铁钢比，推广连铸坯热送热装和直接轧制技术，推动干熄焦、高炉煤气、转炉煤气和焦炉煤气等二次能源高效回收利用，鼓励烧结机余热发电。2012—2020 年，中国钢铁可比能耗由 674 千克标准煤/吨下降到 603 千克标准煤/吨，逐步缩小与世界发达国家之间的差距。

石油石化行业：对原油开采行业全面实施抽油机驱动电机节能改造，推广不加热集油技术和油田采出水余热回收利用技术，提高油田伴生气回收水平，鼓励符合条件的新建炼油项目发展炼化一体化；原油加工行业重点推广高效换热器并优化换热流程、优化中段回流取热比例、降低汽化率、塔顶循环回流换热等节能技术；合成氨行业重点推广先进煤气化技术、节能高效脱硫脱碳、低位能余热吸收制冷等技术，实施综合节能改造。2012—2020年，中国合成氨综合能耗由1552千克标准煤/吨降低到1422千克标准煤/吨。

②技术创新平台建设

近年来，中国依托企业、高校以及科研院所，逐步建成一批现代化能源技术创新平台。通过产学研合作实现能源技术协同创新，围绕煤炭、石油、天然气、火电、核电、可再生能源、能源装备重点领域和关键环节开展研究，布局建设80余个国家能源研发中心和国家能源重点实验室。围绕煤炭安全绿色智能开采、可再生能源高效利用、储能与分布式能源等技术方向开展相关研究，布局建设40多个国家重点实验室和一批国家工程研究中心，形成层次分明、架构坚实的多方位能源技术创新平台，对目前能源技术创新的重点领域和前进方向进行探索。通过产学研结合，目前中国在油气领域取得了多方突破，西北地区创新建立了断裂控储成藏地质理论，形成了超深层地震采集、安全钻井、超深高温高压井试油试气等技术，突破超深层效益勘探开发极限，实现超深层油气新突破；沿海地区通过深海区域地质研究、油气田开发、装备建造、钻完井技术体系以及配套作业能力建设加强，实现了深水油气勘探开发新突破，基本具备了深海油气勘探开发全产业链的技术和装备能力，深水油气成为我国油气产量重要增长极；页岩油气技术取得了重大突破，西北、川南、东北地区等地通过创新发展水平井优快钻井技术、水平井体积改造技术、复杂山地工厂化作业技术等关键工程技术，大幅提升单井产量和最终可采储量，页岩气采集实现了跨越式发展；火电方面，2020 年中国火电单位发电量二氧化碳排放约为838 克/千瓦时，发电煤耗降低至287 克标煤/千瓦时，供电煤耗降低对电力行业二氧化碳减排贡献率为37.0%，火力发电技术整体达到世界先进水平。① 能源技术创新平台建设很好地弥补了中国能源科技创新基础条件薄弱的不足，为实现节能降耗、建设能源强国提供重要保障。

③重点领域节能技术突破

新时代十年，中国能源领域技术突破成果显著。在传统能源中，煤化工技术取得突破性进展，清洁化燃料原料生产实现多项重大创新，液化技术向高效化和高端化发展，煤制烯烃、芳烃技术也有了突破，煤炭利用原料和燃料并重的格局正在形成。在可再生能源发电方面，风力发电、光伏发电等显著进步，风电设备制造技术和智能化水平进一步提高，陆上风电技术已达到世界先进水平；光伏产业方面，中国已成为全球光伏发电装机第一大国和产能中心，单硅晶和多硅晶等光伏电池生产技术全球领先。重点行业节能技术的不断突破为未来节能技术推广、全社会节能技术革新升级打下基础。此外，中国节能技术装备水平大幅提升，高效燃煤锅炉、超低排放燃煤发电机组、高效电机、除尘脱硫、生活污水处理（膜生物反应器、高压压滤机）、余热余压利用、绿色照明等装备技术水平和供给能力国际领先。

（四）能源效率提升面临的主要挑战

新时代十年，中国节能降耗工作成效显著，对支撑生态文明建设发挥了重要作用。目前，中国已经开启全面建设社会主

① 中国电力企业联合会：《中国电力行业年度发展报告》，2020 年。

义现代化国家新征程，节能降耗工作迎来新的发展要求。

1. 新发展阶段对节能降耗工作要求更高

新征程上有新的目标要求，到2035年，中国将“广泛形成绿色生产方式，碳排放达峰后稳中有降，生态环境根本好转，美丽中国目标基本实现”。能源消费与经济社会发展和生态环境密切相关，节能是生态文明建设的重要内容，加强节能降耗不仅是生态文明建设目标的重要组成部分，而且在生态文明建设中发挥重要支撑作用；“碳达峰”“碳中和”是中国高质量发展的内在要求，实现“碳达峰”“碳中和”是一场广泛而深刻的变革，能源消费是最为主要的碳排放来源，进一步提升能源效率是实现“双碳”目标的重要条件，“碳达峰”“碳中和”成为新时期节能降耗工作的主要任务；能源安全是经济社会持续健康发展的重要保障，目前国际格局正在发生深刻变化，不稳定因素不断增加，树立安全意识，确保能源安全具有重要的战略意义，节能作为第一能源在能源安全方面发挥重要作用。此外，由于能源在经济社会发展中的基础性地位，现代化产业体系建设、区域协调发展、人民生活福祉的提高均对节能降耗提出了新的要求。

2. 能源强度下降的难度进一步加大

随着中国节能降耗工作向纵深发展，相关工作的难度明显加大。一方面，“保持制造业比重基本稳定”对于中国经济社会持续健康发展具有重要意义，制造业是经济发展的压舱石，是现代产业体系的重要组成部分，完备的制造业体系是中国经济发展的基础和优势，在构建新发展格局的背景下制造业的作用更为突出，“坚持把发展经济的着力点放在实体经济上”是现代产业体系建设的基本要求，产业结构调整面临新的形势；另一方面，伴随节能降耗技术的推广，中国节能技术水平快速提升，目前，水泥综合能耗、吨钢可比能耗等指标已经接近国际先进水平，部分大型企业的能效已经处于国际领先水平，在这种背景下，对节能技术创新提出了更高要求；此外，随着中国节能降耗政策日趋完善，相关政策体系基本形成，下一步需要加强制度创新、政策创新，探索更深层次变革。

3. 节能降耗工作面临多层次的协同

目前，中国经济已经进入高质量发展阶段，面临的问题更加多样，发展的要求更加综合，对政策的制定和实施提出了更高的要求。节能降耗工作与经济社会运行直接相关，新形势下需要综合考虑多方面的因素。一是节能降耗与经济增长的关系。高质量发展是社会主要现代化国家建设的首要任务，全面建设社会主义现代化国家离不开坚实的物质基础，保持经济适度稳定增长是社会主义现代化国家建设的重要条件，能源在经济增长中发挥基础性作用，如何协调好节能降耗与经济增长关系成为新时期的节能工作的重要议题；二是节能降耗与行业发展的关系。目前，受到多方面的冲击，作为国民经济基础的传统行业面临较大压力，企业经营出现一定的困难，能源与企业生产经营和发展密切相关，节能降耗政策在倒逼绿色转型的同时，要充分考虑传统行业的发展，确保产业链和供应链稳定；三是节能降耗与区域发展的关系。中国区域广阔，各地区资源禀赋、经济基础、发展阶段差异较大，存在不同的发展要求，促进区域协调发展对于我国高质量发展和新发展格局的构建具有重要战略意义，加强区域协同是新时期节能降耗工作的重要着力点。

（五）提升能源效率的政策建议

节能是第一能源，着力提高能源效率不仅是中国能源安全的重要保障，而且对于实现“双碳”目标具有重要支撑作用。新时期对节能降耗工作提出了更高要求，进一步优化相关政策是下一阶段节能降耗工作的重点。

1. 提高节能政策体系精准度

在新的发展阶段，节能降耗工作面临的形势更加复杂多样，提高政策的精准度成为节能降耗政策的关键。第一，要科学确定能耗“双控”目标。统筹兼顾各地区能源生产量、经济发展水平、潜在节能能力，差别化分解能耗双控目标，设定科学合理的节能目标和实施方案，充分利用数字技术，积极开发大型数字仿真模型，开展资源承载力分析，为确定目标和方案提供支撑，制度设计中更加注重能源结构调整，鼓励天然气、电、地热、生物质、太阳能、工业余热等各类清洁能源利用，避免供需矛盾。第二，加强制造业内部结构调整。在制造业比重保持稳定的前提下，着力推动工业内部结构调整，通过产业融合、产业集聚、新兴产业培育等途径提高高耗能行业产品高附加值的方式实现能源强度的下降。第三，加强制度创新，增强政策弹性。在行业和地区层面进行更精准的目标设定，严格控制能耗强度确保高质量发展的基础上，适当增加管理弹性，保障经济社会发展和民生改善合理用能，推动地方实行用能预算管理，严格实施节能审查制度，确保预期能源强度目标得到严格落实。第四，细化和完善节能考核制度。制定更完善和细化的节能政策体系考核，坚持能效优先和保障合理用能相结合，完善能耗双控考核制度，加强统计监测与预测预警，完善区域差别化政策措施，提升节能精细化管理水平。①

① 田智宇、白泉：《“十四五”我国节能形势展望》，《中国能源》2022 年第 5 期。

2. 大力推进节能技术创新

技术创新是推动能源强度下降的主要因素，是能源领域生产消费方式变革、解决能源领域根本性问题的关键。进一步加大节能技术推广力度，由关键领域、重点行业的节能技术向全行业、全社会推广，完善相关激励政策，积极促进生产方式和生活方式的绿色化转型；加强关键核心技术的突破，紧紧抓住新一轮科技革命与产业变革的机遇，针对中国节能降耗工作的需要，尽快布局一批关联性强、带动性强的节能降耗重大技术研发项目，加大资金支撑力度，积极引导企业开展节能技术攻关，全面提升我国节能降耗技术的研发水平；积极构建市场导向的绿色技术创新体系，近年来，中国加强了绿色技术创新体系构建，对提升中国绿色技术水平发挥了重要作用，在此基础上要进一步完善市场导向的绿色技术创新体系，着力补齐短板，增强创新体系的效能。

3. 充分发挥市场机制的作用

充分发挥市场机制的作用是节能降耗工作的重要趋势，在前期工作的基础上要进一步加快体制机制创新力度，增强市场机制在节能降耗中的作用。积极探索推行用能指标市场化交易，在完善能耗双控制度过程中，重视市场配置资源的作用，建设全国用能权交易平台，完善用能权有偿使用和交易制度，结合市场化改革要求和前期用能权交易试点开展情况，建立能源消费总量指标跨地区交易机制，通过市场机制促进能源要素在不同地区进行流动和集聚，积极引导资源配置方向。① 进一步加强对节能服务市场化发展，充分发挥数字经济的作用，积极探索

① 吴滨、庄芹芹、张茜：《我国节能政策的演进及趋势分析》，《重庆理工大学学报》（社会科学版）2018 年第 9 期。

新型节能服务模式，鼓励开展第三方节能综合服务。积极推动生态产品价值化，生态产品价值化是解决能源环境问题的重要途径，加快相关领域的探索，逐步建立更加科学完善的生态产品价值化政策体系，为推动绿色发展的市场化机制奠定基础。

4. 坚持系统观念，加强统筹协调

新时代，中国生态文明建设进入协同推进降碳、减污、扩绿、增长的阶段，节能降耗工作必须坚持系统观念，妥善处理好多方面的关系，最大限度发挥政策的综合效果。一是统筹推进节能降耗与经济发展。深刻把握“绿水青山就是金山银山”的理念内涵，充分认识生态环境保护与经济发展的辩证统一的关系，坚持“在经济发展中促进绿色转型、在绿色转型中实现更大发展”，增强节能政策的引导作用，加大对企业节能降耗的支持力度，促进产业向高端化、高质化方向发展，积极培育节能环保产业；二是统筹区域节能降耗工作。妥善处理整体与局部的关系，在进一步优化区域节能目标的同时，着力打破区域壁垒，促进区域产业、能源基础设施的协同，加强与京津冀协同发展、长江经济带发展、黄河流域生态保护与高质量发展等重大区域战略的衔接，拓展节能降耗区域协同空间；三是加强节能降耗政策与相关政策的协同。积极推动体制创新，建立更加广泛和深入的沟通交流机制，加强节能政策与能源政策、环保政策、产业政策、区域政策的衔接，科学评估政策的综合效果，提高政策的综合效能。

七　全要素生产率分析

全要素生产率一直是经济增长理论探讨的核心话题，亦是衡量经济发展质量的重要指标之一。半个世纪以来，研究范围不断拓展，研究方法不断创新，研究成果层出不穷。党的十八大以来，中国经济发展进入新常态、新时代，在新的发展阶段和发展理念下，中国经济增长质量如何，如何提高全要素生产率增长率是本部分的研究重点。

（一）中国经济增长概述

1. 中国经济增长现状

党的十八大以来，中国经济发展进入新常态，经济增长速度从高速增长阶段转向中高速增长阶段，经济发展目标、增长速度、经济增长动力和经济发展方式等均发生质的转变。高质量发展成为经济发展的主要目标，经济发展方式从粗放型的追求规模、速度转向集约型的追求质量、效率增长，发展动力从依靠资源、投资和劳动力等要素投入转向创新驱动。

从经济增长速度看，2011—2015 年，中国经济增长速度从 2011 年的 9.55% 下降到 2015 年的 7.04%（见图 7－1），2016—2021 年则均在 7% 以下（2021 年有所好转，达到 8.11%），供给侧改革使得 2017 年经济有所反弹，2017 年 GDP 增长率是 6.95%，比 2016 年高 0.1 个百分点。受新冠疫情影响，2020 年 GDP 增长率迅速下降到 2.24%，也使得 2011—2021 年的 GDP 年均增长率比 2001—2010 年的 GDP 年均增长率下降了 3.72 个百分点。从人均 GDP 看，2010 年是 30808 元，2021 年是 80976 元，年均实际增长率是 6.41%，低于 2001—2010 年的人均 GDP 增长率 3.50 个百分点。

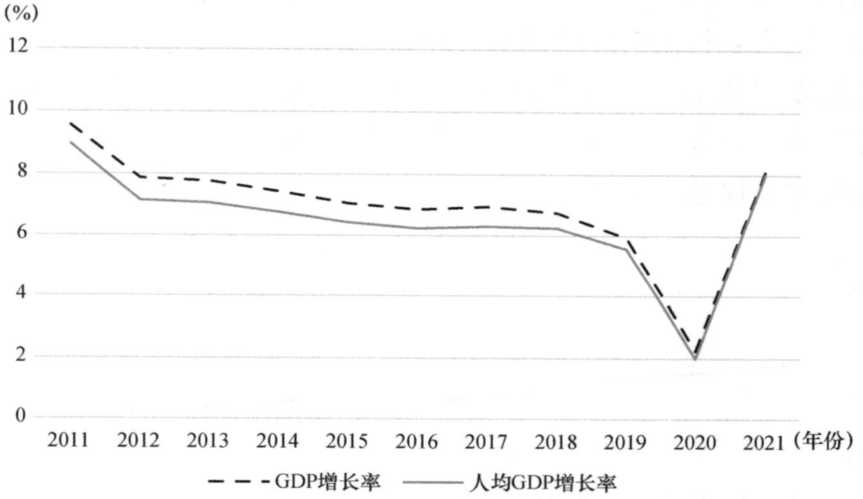

图 7－1　2011—2021 年中国 GDP 和人均 GDP 增长率

在此期间，中国的产业结构和就业结构也发生较大变化，2010 年三次产业结构是 9.33：46.50：44.18，产业结构顺序是第二产业、第三产业、第一产业，2021 年三次产业结构是 7.26：39.43：53.31，产业结构顺序是第三产业、第二产业、第一产业，与 2010 年相比，第二产业下降了 7.07 个百分点，第三产业提高了 9.13 个百分点。第三产业成为主导产业，源于第三产业增加值的年均增长率高于第二产业。相应的就业结构也发生剧烈变化，2010 年三次产业就业结构是 37.40：28.25：34.35，就业结构顺序是第一产业、第三产业、第二产业，2021 年三次产业就业结构是 23.24：28.89：47.87，就业结构顺序是第三产业、第二产业、第一产业。与 2010 年相比，第一产业就业比重下降了 14.16 个百分点，第三产业提高了 13.52 个百分点（见图 7－2）。工业化的迅速发展和数字技术的推广应用，使得第二产业年均就业人数自 2014 年开始下降，大量劳动力流入第三产业，第三产业成为吸纳就业的主力。相比第二产业和第三产业的产业比重以及就业比重，第一产业就业比重虽然在持续下降，但仍然明显偏高，说明第一产业仍然滞留大量劳动力，切实贯彻《国家乡村振兴战略规划（2018—2022 年）》，制定乡村振兴长远发展规划，提高农民的劳动技能，培养他们的职业素养，促进劳动力合理流动，促进产业结构和就业结构的合理化和高级化才能促进经济健康发展。

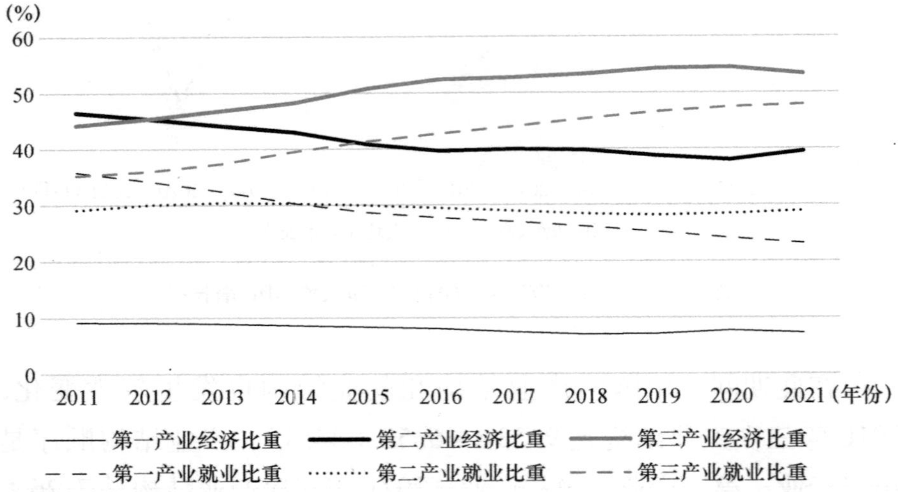

图 7－2　2011—2021 年中国三次产业结构和就业结构

2011 年以来，中国经济进入“三期叠加”阶段，即经济增长速度换挡期、结构调整阵痛期和前期刺激政策消化期在同一时间重合出现，产生叠加效应。增长速度换挡期，是由经济发展的客观规律所决定的。1978—2010 年，改革开放 30 多年来中国经济一直高速增长，中国已成为世界第二大经济体，支撑经济发展的资源、制度和政策均已发生改变，产业结构、就业结构等也发生了剧烈的变化，中国经济增长由高速增长阶段进入中高速增长阶段是经济实体发展的必然结果；结构调整面临阵痛期，是加快经济发展方式转变的主动选择。随着经济的发展，经济增长与资源环境的矛盾日益尖锐，调整经济结构和转变经济发展方式是必需的。优化经济结构、化解过剩产能必然使部分企业退出市场，部分行业受到较大冲击，即为结构调整中的“阵痛”。利用市场机制来解决市场问题是必然的选择；前期刺激政策消化期，是化解多年来积累的深层次矛盾的必经阶段。为了缓解2008年国际金融危机对中国的经济影响，中国采取了拉动内需和产业振兴等一揽子刺激政策，以刺激经济迅速回温。中国经济增长得到了提升，2010年GDP增长率达到10.64%，比2009年提高了1.24个百分点，2011年开始是前期刺激政策的消化期。

经济增长换挡主要指的是经济总量而言，是从数量角度所述；结构调整阵痛期是指经济发展的质量，是从质量、效益角度出发；前期刺激政策消化期是从宏观调控的角度来说，三者勾画出了中国经济发展的主要特征和挑战。2019年的中央经济工作会议也明确指出，“中国正处在转变发展方式、优化经济结构、转换增长动力的攻关期，结构性、体制性、周期性问题相互交织，‘三期叠加’影响持续深化，经济下行压力加大”。“三期叠加”的影响还持续存在，经济发展面临更大的挑战。

新常态下，中国经济增长速度放缓，付敏杰通过分析世界经济的增长速度，发现2010—2020年是全球经济“失去的十年”，与以前的三个“十年”周期相比，① 在这十年间世界主要经济体的GDP增长均有不同程度的下降，2000—2010年和

① 付敏杰把1980—2020年分为1980—1990年、1990—2000年、2000—2010年和2010—2020年四个“十年”周期进行分析，参见《中国对世界经济增长的贡献：1980—2020——新发展格局的增长史回顾与全球审视》，《河北学刊》2022年第1期。

2010—2020 年中国的 GDP 增长率数学平均值分别是 10.39% 和 7.19%，美国分别是 1.97% 和 1.77%，欧盟分别是 1.62% 和 0.85%。也就是说，中国的经济增长率的下降不仅是内部因素的影响，也受到外部环境的极大影响。出口是拉动经济增长的三驾马车之一，但 2010 年以来，随着发达国家最终消费的下降，出口在 GDP 的比重也呈下降趋势。2001—2007 年，高收入经济体占全球最终消费的比重平均是 81%，中国只有 3.5%；2017 年，高收入经济体的消费比重有所下降仍高达 66%，中国只有 10%。① 所以，全球的消费大客户就是高收入经济体，中国虽然拥有世界最多的人口，消费比重在提高，但难以与高收入国家匹敌。2010—2020 年，中国出口在 GDP 中的比重呈下降趋势，对经济增长的贡献也迅速下降，比 2001—2010 年的贡献下降了 5.33 个百分点。2011—2021 年，中国经济的下行既有国内因素也有国际因素，是经济发展到一定阶段的结果，处理好市场与资源配置的关系，深化改革，用改革的办法解决发展中的问题，提高创新力度，培育经济新动能，转变经济发展方式，有利于实现增长速度换挡、度过结构调整阵痛和完成前期刺激政策消化（见图 7－3）。

2. 产业增长对 GDP 增长的贡献

国民经济是由各个产业组成的，各个产业的发展促成了国民经济的发展，不同产业的增长对经济增长的贡献大小说明了不同产业在国民经济中的地位。一个国家或区域 GDP 的增长率等于各产业增长率的加权和，权数就是各产业的增加值在基期占 GDP 的份额，其表达式为：

$$\frac{GDP_t}{GDP_{t-1}} - 1 = \bar{y} = \sum_{i=1}^{n} S_{i,t-1}\left(\frac{VA_{i,t}}{VA_{i,t-1}} - 1\right)$$

① 王勇等：《中国经济增长的潜力、政策选择与 2020 全球宏观经济形势展望》，《国际经济评论》2020 年第 1 期。

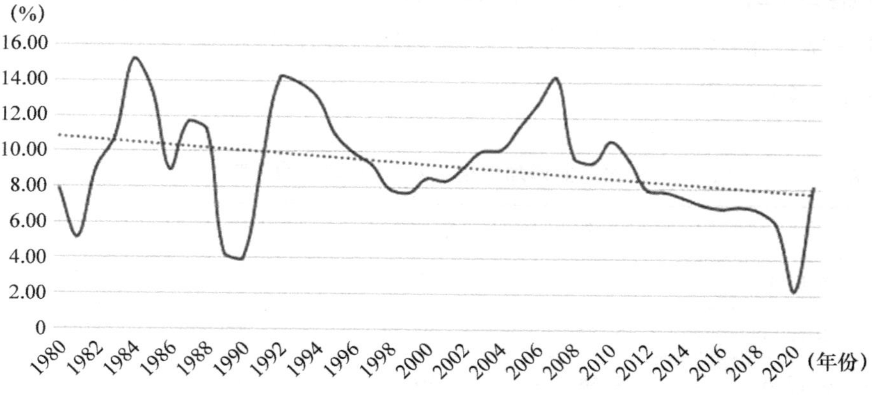

图 7－3　1980—2020 年中国经济增长率

$$= \sum_{i=1}^{n} S_{i,t-1}\,\bar{va}_i \qquad (7-1)$$

其中，$\bar{y}$ 代表 GDP 增长率，VA_i 是第 i 个产业的增加值，$S_{i,t-1}$ 是第（$t-1$）期第 i 产业占 GDP 的比重，即 S 代表产业结构，$\bar{va}_i$ 是第 i 个产业的增长率。则计算第 i 个产业对 GDP 增长的贡献，公式为：

$$R_i = \frac{S_i \cdot \bar{va}_i}{\bar{y}} \qquad (7-2)$$

其中，R_i 代表第 i 产业增加值增长对经济增长的贡献率。显然，它是一个动态指标，反映了在经济结构转变与经济增长过程中，第 i 产业部门的增长对经济总增长的贡献大小。式（7－2）不仅可以测算产业增长对经济增长的贡献，也可以测算地区经济增长对国民经济增长的贡献，以及三大需求增长对国民经济增长的贡献。计算地区增加值增长对国民经济增长的贡献时，只是把产业比重变换成地区比重，产业增加值增长率变换成地区增加值增长率即可，计算三大需求增长对经济增长的贡献亦是如此做法。

运用式（7－1）和式（7－2）以及国家统计局《中国统计

年鉴 2022》公布的数据，计算了 2011—2021 年以及两个五年规划的三次产业、工业增加值增长对 GDP 增长的贡献（见表 7－1、图 7－4）。

表 7－1　三次产业增加值增长对 GDP 增长的贡献　（单位：%）

	第一产业	第二产业	第三产业	工业
2011 年	4.08	52.04	43.89	45.91
2012 年	5.22	49.57	45.21	41.32
2013 年	4.48	46.82	48.70	38.63
2014 年	4.87	42.52	52.61	34.02
2015 年	4.73	35.83	59.44	29.28
2011—2015 年	4.66	45.68	49.66	38.06
2016 年	4.01	35.97	60.02	28.29
2017 年	4.58	33.31	62.11	29.45
2018 年	3.84	34.07	62.09	29.86
2019 年	3.63	32.37	64.01	26.36
2020 年	10.02	42.62	47.36	33.53
2021 年	6.69	38.38	54.92	36.60
2016—2021 年	4.95	35.44	59.61	30.69
2011—2021 年	4.80	40.25	54.95	34.07

资料来源：笔者计算。

由表 7－1 和图 7－4 可以看出，第一产业增加值增长对 GDP 增长的贡献较小，且呈缓慢下降趋势，2019 年只有 3.63%；第二产业增加值增长对 GDP 增长的贡献呈快速下降趋势，从 2011 年的 52.04% 下降到 2021 年的 38.38%，2021 年比 2011 年下降了 13.66 个百分点，从 2013 年开始低于第三产业增加值增长对 GDP 增长的贡献。其中 2011—2015 年下降较快，2016 年开始下降比较平缓；第三产业增加值增长对 GDP 增长的

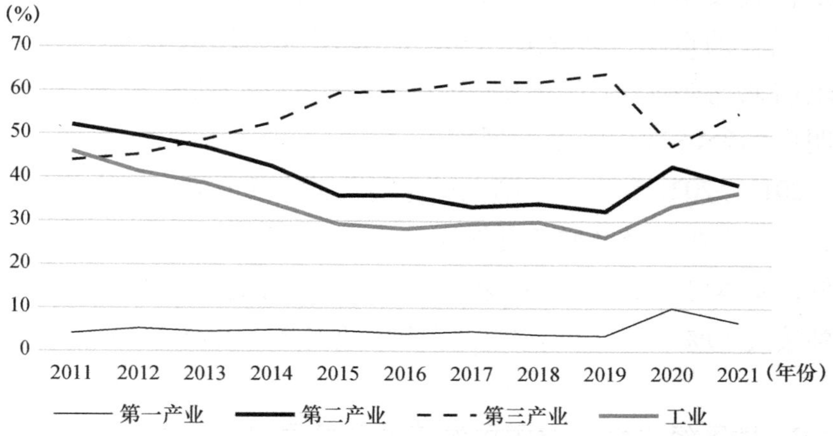

图 7-4　2011—2021 年三次产业和工业增加值增长对 GDP 增长的贡献

贡献呈快速上升趋势，从 2011 年的 43.89% 上升到 2021 年的 54.92%，2021 年比 2011 年提高了 11.03 个百分点，第三产业成为中国经济增长的主力。工业增加值增长对 GDP 增长的贡献趋势与第二产业类似。其中，第三产业增加值增长对 GDP 增长的贡献在 2011—2015 年增长迅速，2016 年开始增长得比较平缓。2020 年因新冠疫情的影响，第三产业受到极大影响，增长率由 2019 年的 7.18% 下降到 2020 年的 2.08%，相应的对 GDP 增长的贡献也由 2019 年的 64.01% 下降到 2020 年的 47.36%，疫情严重影响了第三产业的发展，2021 年有所反弹，增长率达到 8.18%，但贡献率没有达到疫情前的水平。

2016—2021 年与 2011—2015 年相比，第一产业增加值增长对 GDP 增长的贡献进一步下降，第二产业和工业增加值增长对 GDP 增长的贡献也是如此，但下降幅度更大，第三产业增加值增长对 GDP 增长的贡献增长迅速。2011—2015 年，第二产业增加值增长对 GDP 增长的贡献从 2011 年的 52.04% 快速下降到 2015 年的 35.83%，第三产业增加值增长对 GDP 增长的贡献从 2011 年的 43.89% 快速增长到 2015 年的 59.44%，2011—2015

年是快速变化的时期；2016—2021 年第二产业增加值增长对 GDP 增长的贡献比较平稳，第三产业增加值增长对 GDP 增长的贡献前期比较平稳，2020—2021 年因新冠疫情影响有所波动，说明中国经济进入平稳发展期。

2011—2021 年，中国第三产业发展迅速已成为经济增长的主动力，三次产业对经济增长贡献的变动趋势：第一产业的贡献率逐渐降低，基本已经低于5%；第二产业的贡献率已从占据半壁江山下降到接近30%；第三产业的贡献率快速提高，已高于60%。

3. 地区经济增长对国民经济增长的贡献

为了反映2011—2021 年各个省份的经济增长对国家经济增长的贡献变化，分别计算 31 个省份不变价的地区生产总值（Gross Regional Product，GRP）、GRP 在国民经济中的比重以及 GRP 增长对国民经济增长的贡献。

因为资源禀赋、发展基础等不同，各省份之间的 GRP 差距较大（见表 7－2）。2010 年广东 GRP 是西藏的 89. 58 倍，经过 11 年的发展，地区之间的差距有所减小，区域发展趋向平衡，2021 年广东 GRP 是西藏的 68. 63 倍。从排名看，2010 年、2015 年、2021 年 GRP 排在前 5 名的是广东、江苏、山东、浙江和河南，后 5 名依次是西藏、青海、宁夏、海南和甘肃。第 6 名和第 25 名之间名次有微小变动，例如，河北从 2010 年的第 6 名下降到 2015 年的第 8 名，2021 年进一步下降为第 9 名，山西在 2010 年、2015 年、2021 年的排名分别是第 17 名、第 21 名和第 20 名，说明这些省份之间的发展速度有一定的差别。

表 7－2　**各省份的生产总值（2010 年价）**　（单位：亿元）

	2010 年		2015 年		2021 年	
	GRP	排名	GRP	排名	GRP	排名
北京	14964	12	21542	13	30572	13

续表

	2010年		2015年		2021年	
	GRP	排名	GRP	排名	GRP	排名
天津	6831	23	10908	23	14013	23
河北	18004	6	26565	8	37994	9
山西	8904	17	12596	21	17907	20
内蒙古	8200	20	13014	20	17070	21
辽宁	13896	13	19697	14	24435	14
吉林	6410	24	9440	24	12414	26
黑龙江	8308	19	11961	22	15403	22
上海	17915	7	25790	9	36715	11
江苏	41384	2	65494	2	96313	2
浙江	27400	4	40669	4	60585	4
安徽	13250	14	21875	12	33691	12
福建	15003	11	24956	11	37965	10
江西	9383	16	15426	16	24223	15
山东	33922	3	52712	3	76289	3
河南	22655	5	35946	5	51878	5
湖北	16227	9	27030	7	39060	7
湖南	15574	10	25600	10	38708	8
广东	45945	1	69265	1	100260	1
广西	8552	18	13496	18	19518	19
海南	2021	28	3182	28	4716	28
重庆	8065	21	14743	17	22617	17
四川	17225	8	28494	6	43256	6
贵州	4519	26	8124	26	13199	24
云南	7735	22	13091	19	20460	18
西藏	513	31	891	31	1461	31

续表

	2010 年		2015 年		2021 年	
	GRP	排名	GRP	排名	GRP	排名
陕西	9845	15	16296	15	23541	16
甘肃	3944	27	6552	27	9136	27
青海	1144	30	1873	30	2640	30
宁夏	1572	29	2493	29	3622	29
新疆	5360	25	8876	25	12795	25

资料来源：各省份的统计年鉴和各省份的国民经济和社会发展统计公报，笔者计算。

为了更清晰地看到各省份之间的 GRP 差距，分别绘制 2010 年和 2021 年的 GRP 直方图（见图 7－5、图 7－6）。2010 年 31 个省份的 GRP 平均值是 13376 亿元，高于平均值的有广东等 13 个省份，低于平均值高于 10000 亿元的只有安徽，低于 10000 亿元的有 17 个省份，除了东部的天津和海南，东北的黑龙江和吉林，大部分位于西部区域。

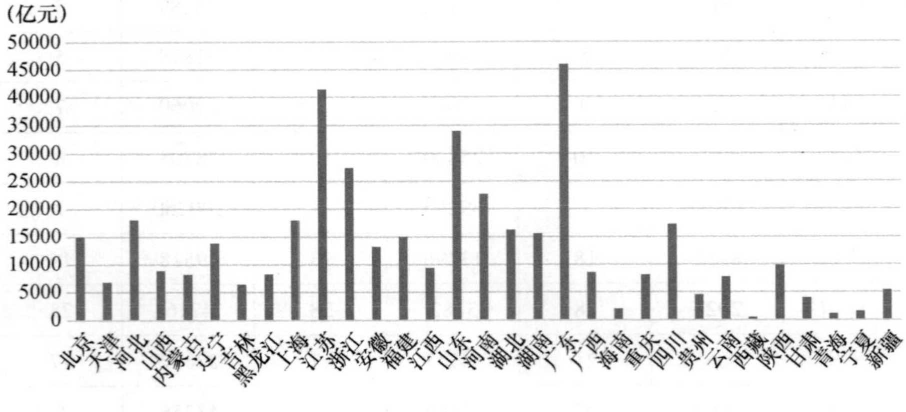

图 7－5　2010 年 31 个省份的 GRP（2010 年价）

2021 年 31 个省份的 GRP 平均值是 30402 亿元，高于平均值的仍然有 13 个省份；低于平均值高于 20000 亿元的有 5 个省份，分别是辽宁、江西、陕西、重庆和云南；低于20000亿元高于10000亿元的有8个省份；低于10000亿元的有5个省份，这13个省份绝大部分位于西部区域。图7－6还显示广东和江苏的GRP远远高于其他省份，从现价GRP来看也是如此，2021年广东和江苏的GRP分别是124370亿元和116364亿元，超过十万亿元的省份只有广东和江苏，第三名山东，只有83096亿元，广东和江苏排名前两位，也是中国最具创新能力的省份。科技部中国科技信息研究所发布的《国家创新型城市创新能力评价报告2021》公布的前十大创新城市，排在第一名的深圳和排在第三名的广州均属于广东省，排在第四名的南京和排在第五名的苏州属于江苏省。创新对经济增长的作用越来越大。

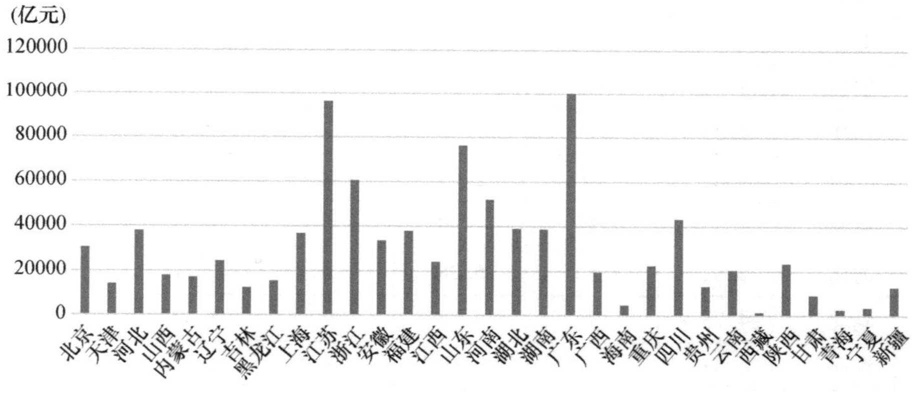

图7－6　2021年31个省份的GRP（2010年价）

前文直观地分析了各省份GRP的不均，预示了各地区经济增长对GDP增长的贡献也会大小不一。本部分测算了各省份2011—2015年、2016—2021年和2011—2021年的年均增长率，并测算了（按当年价）各省份GRP占GDP的比重，并根据式（7－1）和式（7－2）测算各省份的GRP对国民经济增长的贡献率，结果见表7－3。

表 7-3 **各省份经济增长对国民经济增长的贡献** （单位：%）

	2011—2015 年		2016—2021 年		2011—2021 年	
	贡献率	排名	贡献率	排名	贡献率	排名
北京	2.85	15	3.34	13	3.08	13
天津	1.73	21	0.98	25	1.35	24
河北	3.61	11	3.48	12	3.52	11
山西	1.59	24	1.60	20	1.58	22
内蒙古	1.98	20	1.28	23	1.64	21
辽宁	2.51	17	1.49	21	1.97	19
吉林	1.34	26	0.94	26	1.13	26
黑龙江	1.60	23	0.99	24	1.27	25
上海	3.24	12	3.67	11	3.43	12
江苏	10.20	1	10.49	2	10.35	1
浙江	5.58	4	6.72	4	6.10	4
安徽	3.78	10	4.20	10	3.99	10
福建	4.25	9	4.62	7	4.46	8
江西	2.63	16	2.99	14	2.80	15
山东	7.82	3	7.39	3	7.58	3
河南	5.52	5	5.28	5	5.41	5
湖北	4.75	7	4.38	9	4.62	7
湖南	4.33	8	4.50	8	4.43	9
广东	9.74	2	10.76	1	10.22	2
广西	2.12	19	2.11	19	2.12	18
海南	0.52	28	0.57	28	0.54	28
重庆	2.89	14	2.74	15	2.86	14
四川	4.91	6	5.12	6	5.03	6
贵州	1.65	22	2.15	18	1.93	20
云南	2.40	18	2.72	16	2.57	17
西藏	0.16	31	0.22	31	0.19	31
陕西	2.90	13	2.53	17	2.73	16

续表

	2011—2015 年		2016—2021 年		2011—2021 年	
	贡献率	排名	贡献率	排名	贡献率	排名
甘肃	1.12	27	0.80	27	0.96	27
青海	0.31	30	0.27	30	0.29	30
宁夏	0.40	29	0.38	29	0.39	29
新疆	1.54	25	1.32	22	1.44	23

资料来源：笔者计算。

2011—2015 年，对 GDP 增长贡献率最高的是江苏，其后依次为广东、山东、浙江、河南、四川、湖北、湖南、福建、安徽，其中前 5 名对经济增长的贡献率合计为 38.86%，一个地区经济增长对国民经济增长的贡献率高低不仅与本身的经济增长速度有关，还与占国民经济的比重有关。2011—2015 年各省份经济增长贡献率最高的前 10 名，均是 GRP 占 GDP 的比重较大且在此期间经济增长迅速的省份。2016—2021 年，贡献率最大的前 10 名分别是广东、江苏、山东、浙江、河南、四川、福建、湖南、湖北、安徽，与上一周期相比包含省份没有变动，仅排序有所变动，即广东升为第 1 名，江苏成为第 2 名，湖北和安徽位置对调。广东排名的提高主要是其 GRP 占 GDP 的比重高于江苏。但前 5 名对经济增长的贡献率合计为 40.64%，比 2011—2015 年提高了 1.78 个百分点。

2011—2021 年，地区经济增长对 GDP 增长贡献率平均值为 3.23 个百分点，超过平均值的有江苏等 12 个省份，低于平均值但高于 2 个百分点的有北京等 6 个省份，低于 2 个百分点的有辽宁等 13 个省份。超过平均贡献率的这 12 个省份，其贡献率合计是 69.15%，东部地区省份占 7 个，中部地区省份占 4 个，西部地区省份只有四川；其中，前 5 名对经济增长的贡献率合计为 39.66%，东部沿海地区占 4 名，依然是东部地区支撑了中国经济的发展。

4. 三大需求增长对 GDP 增长的贡献率

国内生产总值按照支出法计算时包括最终消费支出、资本形成总额以及货物和服务净出口，即三大需求。最终消费支出包括居民消费支出和政府消费支出，居民消费支出又可细分为农村居民和城镇居民消费支出；资本形成总额包括固定资本形成总额和存货增加；货物和服务净出口是出口和进口的差额，两者差额为正，则称为贸易顺差；两者差额为负，则称为贸易逆差。

应用式（7－1）和式（7－2），测算最终消费支出以及其中的农村居民消费支出和城镇居民消费支出、政府消费支出，资本形成总额及其中的固定资本形成总额，货物和服务净出口的变化对经济增长的贡献率见表 7－4。2011—2021 年，最终消费支出增长对经济增长的贡献率是 59.16%，资本形成总额增长对经济增长的贡献率是 39.46%，货物和服务净出口增长对经济增长的贡献率是 1.38%。其中农村居民消费支出和城镇居民消费支出增长对经济增长的贡献率分别是 8.06% 和 32.43%，固定资本形成总额增长对经济增长的贡献率是 40.22%。这些数据说明国内消费成为拉动经济增长的主力，但农村居民消费严重不足，货物和服务净出口增长乏力。

2016—2021 年与 2011—2015 年相比，最终消费支出增长对经济增长的贡献率提高了 2.24 个百分点，其中农村居民消费支出和城镇居民消费支出增长对经济增长的贡献率分别提高了 1.12 个和 2.18 个百分点，资本形成总额及货物和服务净出口增长对经济增长的贡献率分别降低了 1.38 个和 0.85 个百分点。说明 2016—2021 年国内消费有所增长，固定资产投资结构和质量在优化，货物和服务净出口对中国经济增长的影响在下降。

表 7-4　消费、资本形成、净出口增长对经济增长的贡献率　（单位：%）

		2011—2015 年	2016—2021 年	2011—2021 年
支出法计算的 GDP 增长率		9.00	6.35	7.55
对经济增长的贡献率	最终消费支出	57.96	60.20	59.16
	其中：农村居民消费支出	7.55	8.67	8.06
	城镇居民消费支出	31.29	33.47	32.43
	政府消费支出	19.12	18.06	18.68
	资本形成总额	40.19	38.81	39.46
	其中：固定资本形成总额	41.51	39.40	40.22
	货物和服务净出口	1.85	1.00	1.38

表 7-4 还显示农村居民消费支出增长的贡献率偏低，反映了农村居民消费支出占 GDP 的比重偏低以及农村居民消费支出增长偏慢。农村居民消费支出的年均增长率在 2011—2015 年、2016—2021 年、2011—2021 年分别为 8.58%、6.67%、7.53%，分别为经济增长率的 95.27%、104.98%、99.78%；2010 年农村居民消费支出与 GDP 的比值是 7.96%，2015 年和 2021 年分别是 8.15% 和 8.22%。而城镇居民消费支出的年均增长率在 2011—2015 年、2016—2021 年、2011—2021 年分别为 10.22%、7.03%、8.47%，分别为经济增长率的 113.57%、110.72%、112.23%；2010 年城镇居民消费支出与 GDP 的比值是 26.67%，2015 年和 2021 年分别是 29.44% 和 30.26%。2010 年、2015 年、2021 年城镇居民消费支出与 GDP 的比值分别是农村居民消费支出占比的 3.35 倍、3.61 倍和 3.68 倍，同期，城市化率分别是 49.68%、57.33% 和 64.72%，城镇居民在社会消费品零售总额中的占比 2010 年、2015 年和 2021 年分别是 86.70%、86.07% 和 86.56%，虽然随着城市化率的提高，农村居民人口数量有所减少，但与消费所占比重相比，农村居民消费依然严重不足（见表 7-5）。

表 7－5　　居民消费与经济增长　　（单位：%，倍）

	2011—2015 年	2016—2021 年	2011—2021 年
农村居民消费支出增长率/GDP 增长率	95.27	104.98	99.78
城镇居民消费支出增长率/GDP 增长率	113.57	110.72	112.23
	2010 年	2015 年	2021 年
城镇居民消费支出/GDP	26.67	29.44	30.26
农村居民消费支出/GDP	7.96	8.15	8.22
第 5 行/第 6 行	3.35	3.61	3.68
城镇化率	49.68	57.33	64.72
城镇居民消费/社会消费品零售总额	86.70	86.07	86.56

资料来源：《中国统计年鉴》。

党的十八大以来，扩大内需拉动经济增长成为中国基本的战略基点。充分激发中国超大规模的市场优势和内需潜力，不仅是满足人民日益增长的美好生活需要的必然要求，也是降低外部环境影响中国经济发展的重要砝码。如何激发居民的消费潜力仍是目前需要解决的问题，毕竟中国居民消费偏低是不争的事实。表 7－6 的数据显示，无论发达国家还是发展中国家，居民最终消费率远高于中国。例如，人口大国印度和中国同是发展中国家，印度的居民最终消费率在 2010 年高于中国 20.4 个百分点，2019 年高于中国 21.3 个百分点。2010 年中国和印度的人均 GDP 分别是 4550 美元和 1358 美元，2021 年分别是 12556 美元和 2277 美元，① 虽然有汇率的影响，但中国人均 GDP 远高于印度是不争的事实，即中国居民的富裕程度高于印度。尽管如此，印度的居民最终消费率却高于中国 20 个百分点，如何满足中国居民多层次的消费需求，激发居民的消费欲

① 资料来源：2022 年的《中国统计年鉴》中附录 1－5 人均国内生产总值。

望，还需要深化供给侧改革。

表 7-6　不同国家的居民最终消费率　（单位：%）

	2010 年	2015 年	2019 年	2021 年
中国	34.3	37.1	39.2	—
印度	54.7	59.1	60.5	59.3
日本	57.8	56.6	55.2	—
韩国	50.4	49.1	48.5	46.3
加拿大	57.0	57.5	57.9	57.4
美国	67.9	68.1	67.9	—
德国	55.1	53.9	52.4	49.4
俄罗斯	51.5	52.1	51.2	49.9
英国	64.0	65.0	64.0	61.5

资料来源：世界银行 WDI 数据库。

（二）中国的全要素生产率增长

1. 全要素生产率增长的测度方法与数据处理

（1）全要素生产率增长的测度方法

本报告的测算方法基于美国经济学家索洛的总量增长方程，也是欧盟推荐的方法。其方程式为：

$$Y = F(K, L, T) \qquad (7-3)$$

其中，Y 是产出，K 是资本投入，L 是劳动投入，T 是除了劳动和资本以外的所有影响产出的要素投入（包括不可度量的且难以分离的）。

总量生产函数反映了产出和投入的依存关系，因投入变化导致产出的变化，并由此产生了索洛增长方程：

$$\bar{y} = \alpha \bar{k} + \beta \bar{l} + \bar{\varphi} \qquad (7-4)$$

其中，$\bar{y}$ 是产出增长率，$\bar{k}$ 是资本投入增长率，$\bar{l}$ 是劳动投入增长率，$\bar{\varphi}$ 是生产率增长率（Total Factor Productivity，TFP）。在规模报酬不变的假设下，α、β 分别是资本和劳动的产出弹性，且满足 $\alpha>0$，$\beta>0$，$\alpha+\beta=1$，那么 $\bar{\varphi}$ 可以反映计算期全要素生产率提高对产出增长的贡献或拉动。

（2）数据处理

本章测算 2011—2021 年的全要素生产率变化，2010 年为基期。式（7-4）表明计算 TFP 增长率需要产出、资本、劳动数据，以及资本与劳动的产出弹性。产出指标用国内生产总值表示，劳动投入用全国年均就业人数表示，即年初就业人数和年末就业人数的平均值。

资本投入的测算需要投资、固定资产投资价格指数、折旧率和基期资本存量四个指标。投资用固定资本形成总额作为投资流，采用永续盘存法测度资本存量。为了减小初期资本存量对后续研究结果的影响，本报告资本存量计算始点是 1978 年，因为固定资产投资价格指数只有 1991 年以后的数据，需要获取 1978—1990 年固定资产投资价格指数。本部分采取龚飞鸿等计算的 1978—1990 年固定资产价格指数。① 1978—1986 年的折旧率采取公开数据，1987—2018 年的折旧率，根据投入产出表或投入产出延长表的数据来计算，2019—2020 年的折旧率参考 2018 年的数据。对初始资本存量的取值，用以下公式计算：

$$CV_0 = INV_0/(g+\delta) \qquad (7-5)$$

其中，CV_0 是基期资本存量，INV_0 为初始年的投资，δ 表示折旧率，g 表示在初始年份之前的平均投资增长率。

根据投资的增长情况，用 1978—1982 年的投资平均增长率作为 g，1978 年的折旧率作为 δ，计算得到 1978 年的资本

① 龚飞鸿等：《中国经济增长与生产率发展报告》，载汪同三、郑玉歆主编《中国社会科学院数量经济与技术经济研究所发展报告（2008）》，社会科学文献出版社 2008 年版。

存量。

资本存量的计算公式是：

$$CV_t = CV_{t-1} \cdot (1 - \delta) + INV_t \tag{7-6}$$

其中，CV_t 是第 t 年的资本存量，CV_{t-1} 是第 $t-1$ 年的资本存量，δ 是折旧率，INV_t 是第 t 年的固定资产投资，固定资产投资采用不变价的固定资本形成总额。

本书假设规模报酬保持不变，即 $\alpha + \beta = 1$，资本与劳动的产出弹性用份额法来计算，即 α = （固定资产折旧 + 营业盈余）/（劳动者报酬 + 固定资产折旧 + 营业盈余）①，$\beta = 1 - \alpha$。

本部分所有数据均来自2022年的《中国统计年鉴》，② 在计算资本的增长率时用资本的年平均数。

2. 2011—2021 年中国全要素生产率增长

运用以上处理过的数据，计算得到 2011—2021 年全周期及 2011—2015 年、2016—2021 年 2 个子周期以及 11 年间相邻两年的全要素生产率增长率，以及资本投入增长对 GDP 增长的贡献率、劳动投入增长对 GDP 增长的贡献率、全要素生产率增长率对 GDP 增长的贡献率（见表 7－7），为了更清晰地显示相邻两年间的要素增长和全要素生产率增长对 GDP 增

① 一般认为，劳动的产出弹性 = 劳动者报酬/（劳动者报酬 + 固定资产折旧 + 营业盈余）。经济合作与发展组织（OECD）发布的《生产率测度手册》（2001）中将生产税净额按比例分配给资本和劳动。认为在生产环节所征收的税为资本和劳动要素共同创造的收入，修订了产出弹性的计算公式，α = （固定资产折旧 + 营业盈余）/（劳动者报酬 + 固定资产折旧 + 营业盈余）。参见白重恩、张琼《中国生产率估计及其波动分解》，《世界经济》2015 年第 12 期。

② 2021 年的《中国统计年鉴》对中国历史 GDP、就业人数和投资等数据做了修正，2022 年的《中国统计年鉴》对 2021 年 GDP 及其增长率做了修正。为了保持数据的合理性和测算结果更加贴近现实，这里利用官方公布的最新数据进行测算。

长的贡献，将GDP增长、要素增长及要素增长对GDP增长的贡献列于表7－7。

表7－7　2011—2021年中国GDP增长、要素投入增长及要素增长对经济增长的贡献　（单位：%）

	增长率				贡献率		
	GDP	资本	劳动	全要素生产率	资本	劳动	全要素生产率
2011年	9.55	15.99	0.24	2.18	76.77	1.37	22.81
2012年	7.86	15.78	0.10	0.57	86.42	0.71	7.29
2013年	7.77	15.52	0.07	1.04	83.73	0.52	13.42
2014年	7.43	14.44	0.06	1.34	81.44	0.49	18.05
2015年	7.04	12.70	0.01	1.72	74.54	0.10	24.36
2016年	6.85	11.42	－0.07	2.17	68.95	－0.58	31.68
2017年	6.95	9.79	－0.17	3.00	59.82	－1.42	43.19
2018年	6.75	8.46	－0.30	3.33	52.90	－2.60	49.34
2019年	5.95	8.15	－0.40	2.75	57.69	－3.91	46.13
2020年	2.24	7.41	－0.47	－0.61	139.38	－12.27	－27.11
2021年	8.11	7.79	－0.53	5.08	41.08	－3.73	62.65
2011—2015年	7.93	14.88	0.10	1.38	81.84	0.69	17.47
2016—2021年	6.12	8.83	－0.33	2.62	60.39	－3.08	42.70
全周期	6.94	11.54	－0.13	2.08	71.07	－1.10	30.03

资料来源：笔者计算得到。

根据表7－7和图7－7，2011—2021年中国GDP年均增长率为6.94%，资本年均增长率为11.54%，是GDP增长率的1.66倍，劳动增长率是负数，全要素生产率年均增长2.08%。从各要素对GDP增长的贡献看，资本贡献率是71.07%，全要素生产率增长的贡献是30.03%，劳动投入的贡献是负数，中国仍然是投资驱动型的。分周期看，2011—2015年，GDP年均增长率是7.93%，资本年均增长率是14.88%，是GDP增长率的

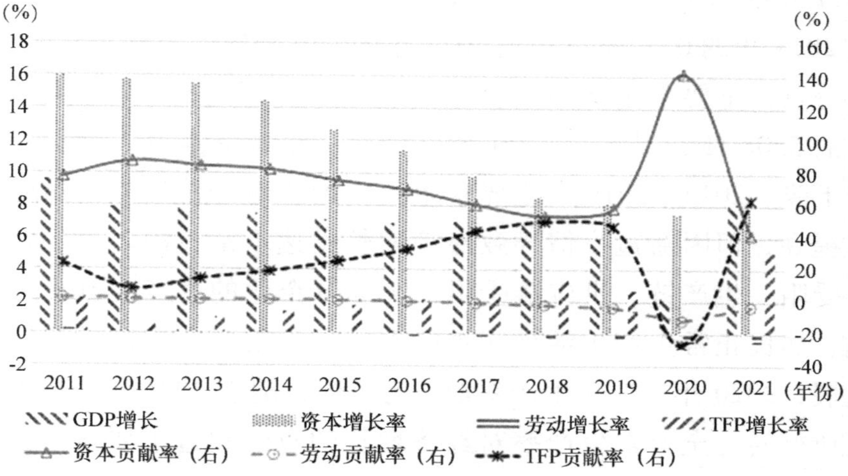

图 7－7　要素投入增长、全要素生产率增长对经济增长的贡献

1.88 倍，劳动年均增长率是 0.10%，全要素生产率年均增长率是 1.38%。资本、劳动、全要素生产率增长对 GDP 增长的贡献分别是 81.84%、0.69% 和 17.47%；2015—2021 年，GDP、资本、劳动和全要素生产率的年均增长率分别是 6.12%、8.83%、－0.33% 和 2.62%，资本和全要素生产率增长对 GDP 增长的贡献分别是 60.39% 和 42.70%，经济发展方式是投资和技术进步双驱动型。2016—2021 年和 2011—2015 年相比，经济增长率下降了 1.81 个百分点，资本和劳动投入的增长率分别下降 6.05 个和 0.43 个百分点，全要素生产率增长率提高了 1.24 个百分点；与此对应的是，资本增长和劳动增长对 GDP 增长的贡献分别下降了 21.45 个和 3.77 个百分点，全要素生产率增长对 GDP 增长的贡献提高了 25.23 个百分点，表明 2016—2021 年中国逐渐步入高质量发展轨道。

如表 7－7 所示，中国经济进入新常态后，经济增长率连续下滑，从 2011 年的 9.55% 下降到 2019 年的 5.95%（受新冠疫情的影响，2020 年经济增长率只有 2.24%），2021 年有所反弹是 8.11%，资本存量的增长率也从 2011 年的 15.99% 下降到

2021 年的 7.79%，下降了 8.20 个百分点，劳动投入的增长率从 2011 年的 0.24% 下降到 2021 年的 -0.53%，下降了 0.77 个百分点；全要素生产率增长率从 2011 年的 2.18% 提高到 2021 年的 5.08 %，提高了 2.90 个百分点。随着资本投入增长的迅速下降，2017—2019 年全要素生产率增长对经济增长的贡献迅速提高，但因新冠疫情导致经济增长迅速下滑，国内外经济循环受阻，生产链、供应链受阻，大部分企业的生产受到严重影响，居民正常生产生活秩序被打乱，严重阻碍了中国的高质量发展，2020 年全要素生产率增长为负数，随着 2021 年中国经济有所好转，全要素生产率对经济增长的贡献超过了要素投入增长对经济增长的贡献。

2016—2021 年，一个非常重要的特征是就业人口的持续下降，2016 年年均就业人数增长率从 2015 年的正数开始转为负数，并持续扩大，2011—2015 年年均就业人数年均增长率是 0.10%，2016—2021 年是 -0.33%，人口红利完全消失。多数学者的研究结果表明，通过教育、职业培训提高人力资本，可以显著提高经济增长潜力。通过教育和培训提升人力资本延长人口红利，是必须长期重视也是目前亟须重视的工作，也是全面提升效率的重要措施之一。①

3. 全要素生产率与纯要素生产率计算结果的比较

根据测算的 2011—2021 年中国纯要素生产率增长及其对经济增长的贡献情况，这里就全要素生产率和纯要素生产率的测

---

① Fang Cai, Yang Lu, "Take - off, Persistence, and Sustainability: The Demographic Factor in Chinese Growth", *Asia & the Pacific Policy Studies*, Vol. 3, No. 2, 2016；胡晨沛：《改革开放以来中国经济增长模式探析：生产要素视角的国际比较》，《云南财经大学学报》2021 年第 4 期；陈太明：《改革开放与中国经济增长奇迹——基于合成控制法的研究》，《经济理论与经济管理》2021 年第 6 期。

算结果进行简单的比较。图7－8表明2011—2021年两种方法计算的生产率增长率及对经济增长的贡献率非常接近，变化趋势一致，证明了本部分计算结果的可靠性。

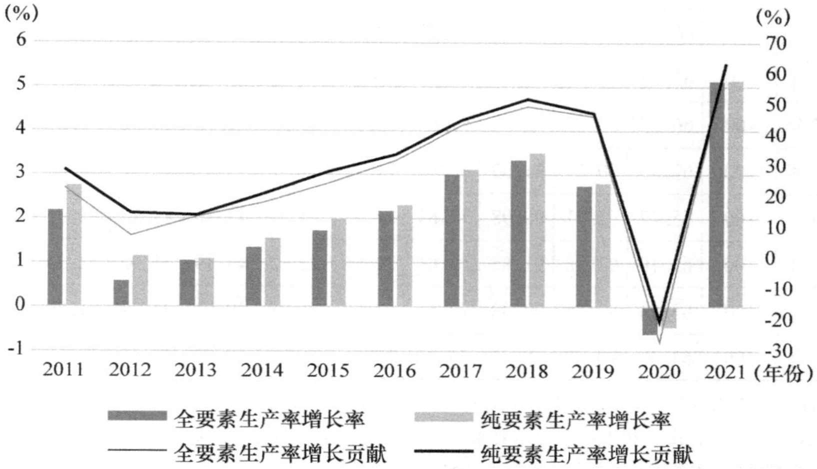

图7－8　全要素生产率和纯要素生产率增长率及对经济增长的贡献

（三）国际比较

为了使计算结果具有可比性，数据处理方式和计算方法保持一致是必需的。本部分引用了佩恩表（PWT10.0）计算的相对全要素生产率指数（PPP计算，美国＝100），来比较中国与发达国家以及金砖国家的全要素生产率增长情况（见表7－8）。

如表7－8所示，2010年中国的全要素生产率指数只占美国的41.60%，但到了2019年中国下降到40.05%，原因有以下几条：一是中国的实际全要素生产率在下降，美国没有变化，二是中国实际全要素生产率增长速度低于美国实际全要素生产率增长速度，三是中国实际全要素生产率下降速度快于美国实际全要素生产率下降速度。中国全要素生产率还有很大的提升空间。

表 7-8 不同国家的相对全要素生产率指数（按照 PPP 计算，美国 = 100）

	美国	日本	德国	法国	英国	意大利	加拿大	中国	印度	巴西	俄罗斯
2010 年	100	66.90	92.35	94.71	80.72	81.90	81.90	41.60	40.35	60.25	51.50
2011 年	100	66.06	93.68	93.55	82.31	78.82	82.15	41.82	41.16	62.24	58.48
2012 年	100	66.43	91.45	93.85	79.55	73.90	81.51	42.69	43.12	60.75	60.91
2013 年	100	67.95	90.72	91.83	78.23	73.75	83.15	41.98	41.61	60.03	59.47
2014 年	100	66.69	90.87	90.56	76.60	72.55	82.35	41.99	41.92	58.29	56.94
2015 年	100	67.40	90.79	91.53	76.42	71.31	79.32	42.32	42.77	54.24	50.10
2016 年	100	65.47	92.91	90.98	77.63	71.33	79.29	42.36	43.43	52.31	49.47
2017 年	100	65.19	94.28	91.85	79.01	72.76	82.12	43.19	43.92	52.34	52.69
2018 年	100	63.34	92.35	90.33	77.81	71.72	81.78	40.98	44.59	51.80	55.59
2019 年	100	63.48	90.88	88.81	76.77	70.81	81.29	40.05	43.81	50.68	55.18

注：佩恩表（PWT）是美国宾夕法尼亚大学 Groningen 中心发布的，包括世界 183 个国家的有关收入、产出、投入和生产率的相对水平的数据表，2021 年 6 月发布的 PWT10.0 包含 1953—2019 年的数据。PWT 迄今为止已发布 11 个版本。

资料来源：PWT10.0，www.ggdc.net/pwt。

从金砖国家的全要素生产率指数看，其均远低于发达国家，中国低于巴西和俄罗斯，与印度不相上下，但是 2015 年开始印度高于中国，并且中国和巴西呈下降趋势，印度和俄罗斯呈上升趋势，尤其是 2018—2019 年增长较快。

表 7-8 显示，发达国家的全要素生产率水平差距也较大，除了美国，其余 6 个发达国家中，根据相对全要素生产率指数可以分为 3 个档次：第一档包括德国和法国，相对全要素生产率指数超过 90%，第二档包括英国、加拿大和意大利，相对全要素生产率指数在 70%—80% 之间，第三档是日本，相对全要素生产率指数低于 70%。

同时，PWT10.0 还提供了各个国家的全要素生产率指数（见表 7-9）。从时间发展趋势看，美国、日本和印度在波动中呈上升趋势，中国和英国等国家在波动中呈下降趋势；从波动程度看，英国和美国相对比较稳定，法国和意大利次之，德国和日本再次之，巴西和俄罗斯波动程度较大，中国和印度波动程度最大。随着国际形势变幻莫测，各个国家的经济发展均受到不同程度的影响，产业链、供应链受阻，生产、分配、流通、消费的各个环节受到不同程度影响，经济增长预期不确定性增加，企业家信心下降，投资前景不明，新冠疫情和2022年爆发的俄乌冲突更是增加了各个国家经济发展前景的不可预期性，严重影响了全要素生产率的提高。

表7-9 不同国家的相对全要素生产率指数变化趋势

	中国	印度	巴西	俄罗斯	英国	德国	法国	美国	意大利	日本
2011年	100.22	99.57	98.42	102.15	100.49	102.39	100.48	99.81	99.92	99.93
2012年	97.11	100.85	98.63	101.69	99.60	100.12	99.35	100.26	97.84	101.07
2013年	101.64	100.82	99.42	101.00	100.44	100.11	100.30	100.20	99.67	102.00
2014年	101.60	103.72	97.37	100.60	100.45	101.06	100.21	100.47	100.04	99.77
2015年	99.18	104.09	95.44	97.35	100.63	100.65	99.99	100.90	99.85	100.72
2016年	99.70	104.13	96.77	100.07	100.01	101.35	99.60	100.09	99.81	99.95
2017年	98.68	102.52	100.07	101.15	100.19	101.16	101.27	100.63	100.48	101.32
2018年	96.83	101.74	98.80	101.94	99.89	99.66	100.47	100.82	99.75	99.47
2019年	99.85	100.27	98.23	101.18	99.63	99.41	99.24	100.86	99.51	100.99

注：PWT10.0中的全要素生产率指数是以2017年为100，为了便于比较，该表以上一年为100，该表的数据只能进行纵向比较。

资料来源：根据PWT10.0换算得到。

（四）政策建议

当前百年变局和新冠疫情相互叠加的局面更加复杂，俄乌冲突增加了中国经济发展的挑战和风险，不确定性上升，防疫情、稳经济、安全发展成为工作重点。2021年年末召开的中央经济工作会议首次提出，“中国经济发展面临需求收缩、供给冲击、预期转弱三重压力”。2022年政府工作报告再次强调中国经济仍将面临“三重压力”的挑战。而“三重压力”本质上是“三期叠加”压力的进一步延续。

提高全要素生产率增长率及其对经济增长的贡献率，促进经济高质量发展，是应对经济下行、风险增大的有效途径之一。党的十九大、党的二十大报告均指出提高全要素生产率，说明国家高层领导充分认识到了提高全要素生产率的重要性。从国际比较看，中国的全要素生产率还很低。全要素生产率的提高主要来自技术进步和配置效率。通过技术进步推动生产可能性边界外移来改善生产率，配置效率是指生产要素在产业间、行业间和企业间进行更合理的配置所实现的生产效率改善。当各产业、各行业和企业之间的生产率存在差异时，生产要素会向生产率更高的产业、行业、企业流动，可以获得资源重新配置效率。对美国的研究表明，通过企业的进入与退出、创造性破坏进行资源重新配置，对全要素生产率提高的贡献高达1/3—1/2。①

第一，继续提高研发投入强度，提高基础研发投入比重，提高自主创新能力。2021年中国研发投入强度达到2.44%，超过欧盟国家的平均水平，但基础研究投入比重过低，只有6.5%，与世界发达国家15%的平均水平还有较大的差距。构建新发展格局，实现高水平的自立自强，需要瞄准世界科技前沿，加大在基础研究领域的投入，加强国家重点实验室建设，布局一批前沿基础研究中心，致力于解决关键核心技术的“卡脖子”问题。

第二，提高资源的配置效率。一是建立完善全国统一大市场，打通生产、分配、流通和消费各个环节，破除妨碍要素流

① L. Foster, J. Haltiwanger, C. Syverson, “Reallocation, Firm Turnover, and Efficiency: Selection on Productivity or Profitability?”, *American Economic Review*, Vol. 98, No. 1, 2008.

动的体制机制弊端，促进要素的合理流动，全面提高要素协同配置效率；二是改善营商环境，营造创造性环境，打破任何阻止行业、企业进入和退出的体制机制障碍，建立遵循市场经济发展规律的企业进入和退出机制，促使僵尸企业退出市场，通过竞争机制实现优胜劣汰，促进资源的合理配置。

第三，挖掘资源配置范围扩大的潜力。拓展资源配置过程的广度，把资源配置和重新配置延伸到全球经济的范围。在扩大开放的过程中，借助世界贸易组织及其规制，双边、多边贸易和投资协定框架以及“一带一路”倡议等机制，推动企业“走出去”，让企业在国际竞争的环境中提高生产率。同时，就国际贸易规则、新技术标准、关税水平、劳工标准和气候变化相关标准展开谈判，为中国企业创造尽可能良好的国际竞争环境。

第四，挖掘高效投资增长点，提高投资效率。注重“低重复高回报、促增长和惠民生”等新时期投资的基本原则，充分抓住数字经济发展契机，强化“信息基础设施”“融合基础设施”和“创新基础设施”等新型基建投资；抓住第三次能源革命的有利时机，重点投资特高压等“新型电力系统”，促进能源系统高质量发展，提高投资效率，亦成为推动经济增长的一个极点。

第五，提高人力资本。随着中国人口红利的逐渐消失，劳动力配置效率在降低，但通过提高教育质量、延长受教育年限、继续教育和职业培训等，可以大力提高人力资本。根据2021年《中国人口与就业统计年鉴》，2020年就业人员的平均教育年限为10.30年，其中仍有41.7%的就业人员为初中水平，通过教育改革，提高基础教育投入和延长基础教育年限，大力发展职业培训和再教育提高就业人员劳动技能，通过人力资本红利来提高全要素生产率增长率。

第六，继续深化供给侧结构性改革。深化行政管理体制改革，打破垄断，优化升级产业结构，提高供给质量，满足人民美好生活的需要。深化市场体制改革，畅通国内大循环，构建以国内大循环为主体、国内国际双循环相互促进的新发展格局，促进要素资源在更大范围内畅通流动，提升供给能力，挖掘内需潜能，提高投入产出效率。

参考文献

一　中文文献

蔡昉:《生产率、新动能与制造业——中国经济如何提高资源重新配置效率》,《中国工业经济》2021 年第 5 期。

蔡跃洲、张钧南:《信息通信技术对中国经济增长的替代效应与渗透效应——基于乔根森增长核算框架的测算与分析》,《经济研究》2015 年第 12 期。

陈梦根、侯园园:《中国行业劳动投入和劳动生产率:2000—2018》,《经济研究》2021 年第 5 期。

陈太明:《改革开放与中国经济增长奇迹——基于合成控制法的研究》,《经济理论与经济管理》2021 年第 6 期。

陈勇、唐朱昌:《中国工业的技术选择与技术进步:1985—2003》,《经济研究》2006 年第 9 期。

陈仲常、吴永球:《中国工业部门资本利润率变动趋势及原因分析》,《经济研究》2005 年第 3 期。

都阳、曲玥:《劳动报酬、劳动生产率与劳动力成本优势——对 2000—2007 年中国制造业企业的经验研究》,《中国工业经济》2009 年第 5 期。

冯剑锋、陈卫民、利珍:《中国人口老龄化对劳动生产率的影响分析——基于非线性方法的实证研究》,《人口学刊》2019 年第 2 期。

冯剑锋、陈卫民：《我国人口老龄化影响经济增长的作用机制分析：基于中介效应视角的探讨》，《人口学刊》2017 年第 4 期。

高帆：《中国劳动生产率的增长及其因素分解》，《经济理论与经济管理》2007 年第 4 期。

宫旭红、曹云祥：《资本深化与制造业部门劳动生产率的提升——基于工资上涨及政府投资的视角》，《经济评论》2014 年第 3 期。

龚飞鸿等：《中国经济增长与生产率发展报告》，载汪同三、郑玉歆主编《中国社会科学院数量经济与技术经济研究所发展报告（2008）》，社会科学文献出版社 2008 年版。

郭朝先：《当前中国工业发展问题与未来高质量发展对策》，《北京工业大学学报》（社会科学版）2019 年第 19 期。

郭庆旺、贾俊雪：《中国全要素生产率的估算：1979—2004》，《经济研究》2005 年第 6 期。

国家统计局：《创新驱动成效显著　科技自强蹄疾步稳——党的十八大以来经济社会发展成就系列报告之十》，《中国信息报》2022 年 9 月 28 日。

何枫、陈荣：《经济开放度对中国经济效率的影响：基于跨省数据的实证分析》，《数量经济技术经济研究》2004 年第 3 期。

胡鞍钢、郑京海：《中国改革时期省际生产率增长变化：1979—2001》，《经济学》（季刊）2005 年第 1 期。

胡晨沛：《改革开放以来中国经济增长模式探析：生产要素视角的国际比较》，《云南财经大学学报》2021 年第 4 期。

江鑫、黄乾：《劳动生产率呈倒“U”型变化趋势的人口老龄化因素分析》，《当代经济研究》2019 年第 3 期。

金剑：《生产率增长测算方法的系统研究》，博士学位论文，东北财经大学，2007 年。

李京文、钟学义：《中国生产率分析前沿》，社会科学文献出版社

2001 年版。
李平：《提升全要素生产率的路径及影响因素——增长核算与前沿面分解视角的梳理分析》，《管理世界》2016 年第 9 期。
李平、王宏伟、张静：《改革开放 40 年中国科技体制改革和全要素生产率》，《中国经济学人》（英文版）2018 年第 1 期。
李小平、朱钟棣：《中国工业行业的全要素生产率测算——基于分行业面板数据的研究》，《管理世界》2005 年第 4 期。
李子奈：《计量经济学——方法和应用》，清华大学出版社 1992 年版。
刘成坤、林明裕：《人口老龄化、人力资本积累与经济高质量发展》，《经济问题探索》2020 年第 7 期。
刘建翠、郑世林、汪亚楠：《中国研发（R&D）资本存量估计：1978—2012 》，《经济与管理研究》2015 年第 2 期。
刘伟、张辉：《中国经济增长中的产业结构变迁和技术进步》，《经济研究》2008 年第 43 期。
逯进、李婷婷、张晓峒：《储蓄、老龄化与经济增长》，《西安交通大学学报》（社会科学版）2021 年第 6 期。
马名杰等：《全球科技创新趋势的研判与应对》，《经济日报》2021 年 1 月 22 日。
马锡冠：《现代科学技术基础（干部选读）》，中共中央党校出版社 1999 年版。
任若恩等：《中国全要素生产率的行业分析与国际比较——中国 KLEMS 项目》，科学出版社 2013 年版。
史丹：《结构变动是影响中国能源消费的主要因素》，《中国工业经济》1999 年第 11 期。
眭纪刚：《创新发展十年路：成就、经验与展望 》，《中国发展观察》2022 年第 8 期。
孙琳琳、任若恩：《中国资本投入和全要素生产率的估算》，《世界经济》2005 年第 12 期。
田智宇、白泉：《“十四五”中国节能形势展望》，《中国能源》2022 年第 44 期。
汪海波：《十八大以来中国经济的新发展》，《中国浦东干部学院学报》2017 年第 11 期。
王海峰、罗亚非、范小阳：《基于超效率 DEA 和 Malmquist 指数的研发创新评价国际比较》，《科学学与科学技术管理》2010 年第 31 期。
王孟欣：《美国 R&D 资本存量测算及对我国的启示》，《统计研究》2011 年第 6 期。
王庆一：《能源效率及相关政策和技术》，《应用能源技术》2002 年第 6 期。
王庆一：《中国的能源效率及国际比较（上）》，《节能与环保》2003 年第 8 期。
王小鲁、樊纲、刘鹏：《中国经济增长方式转换和增长可持续性》，《经济研究》2009 年第 1 期。
王勇等：《中国经济增长的潜力、政策选择与 2020 全球宏观经济形势展望》，《国际经济评论》2020 年第 1 期。
王志刚、龚六堂、陈玉宇：《地区间生产效率与全要素生产率增长率分解》，《中国社会科学》2006 年第 2 期。
魏楚、沈满洪：《能源效率与能源生产率：基于 DEA 方法的省际数据比较》，《数量经济技术经济研究》2007 年第 9 期。
吴滨、李为人：《中国能源强度变化因素争论与剖析》，《中国社会科学院研究生院学报》2007 年第 2 期。
吴滨、庄芹芹、张茜：《中国节能政策的演进及趋势分析》，《重庆理工大学学报》（社会科学版）2018 年第 32 期。
吴昊：《中国城市劳动生产率影响因素研究——基于 286 个城市数据面板分析》，《经济经纬》2017 年第 1 期。

吴继英、赵喜仓：《偏离—份额分析 Esteban 模型及其在劳动生产率分析中的应用》，《数量经济技术经济研究》2011 年第 2 期。

习近平：《加快建设科技强国 实现高水平科技自立自强 》，《求是》2022 年第 9 期。

颜鹏飞、王兵：《技术效率、技术进步与生产率增长：基于数据包络分析的实证分析》，《经济研究》2004 年第 12 期。

易纲、樊纲、李岩：《关于中国经济增长与全要素生产率的理论思考》，《经济研究》2003 年第 8 期。

余康、郭萍、章立：《我国农业劳动生产率地区差异动态演进的决定因素——基于随机前沿模型的分解研究》，《经济科学》2011 年第 2 期。

张季风、邓美薇：《人口老龄化、技术创新对经济增长质量的影响——基于中日两国的比较分析》，《日本问题研究》2019 年第 1 期。

张军：《改革以来中国的资本形成与经济增长：一些发现及其解释》，《世界经济文汇》2002 年第 1 期。

张军：《增长、资本形成与技术选择：解释中国经济增长下降的长期因素》，《经济学》（季刊）2002 年第 1 期。

张军、章元：《对中国资本存量 K 的再估计》，《经济研究》2003 年第 7 期。

张来武：《科技创新驱动经济发展方式转变》，《中国软科学》2011 年第 12 期。

中国社会科学院宏观经济研究智库课题组：《有效应对外部变化继续促进经济恢复》，《改革》2022 年第 10 期。

钟学义：《生产率分析的新概念》，《数量经济技术经济研究》1996 年第 12 期。

钟祖昌：《研发创新 SBM 效率的国际比较研究——基于 OECD 国家和中国的实证分析 》，《财经研究》2011 年第 37 期。

朱承亮等:《人力资本、人力资本结构与区域经济增长效率》,《中国软科学》2011 年第 2 期。

朱承亮:《国家科技创新效率测算与国际比较 》,《中国软科学》2023 年第 1 期。

朱承亮、王珺:《中国企业研发经费投入现状及国际比较 》,《技术经济》2022 年第 1 期。

朱承亮、岳宏志、李婷:《中国经济增长效率及其影响因素的实证研究:1985—2007 年》,《数量经济技术经济研究》2009 年第 9 期。

朱承亮、岳宏志、师萍:《环境约束下的中国经济增长效率研究》,《数量经济技术经济研究》2011 年第 5 期。

朱承亮、岳宏志、师萍:《人力资本及其构成对中国技术效率影响的实证研究——基于 1985—2007 年省域面板互数据的证据》,《科学学研究》2010 年第 11 期。

朱承亮、岳宏志:《我国高技术行业科技活动技术效率实证研究》,《科技进步与对策》2010 年第 5 期。

朱承亮:《中国经济增长效率及其影响因素的实证研究》,硕士学位论文,西北大学,2010 年。

二 英文文献

B. W. Ang, "Decomposition Analysis for Policy Making in Energy: Which is the Preferred Method?", *Energy Policy*, Vol. 32, No. 9, 2004.

Chad Syverson, "What Determines Productivity?", *Journal of Economic Literature*, Vol. 49, No. 2, 2011.

Charles R. Hulten, *Total Factor Productivity: A Short Biography*, *New Developments in Productivity Analysis*, University of Chicago Press, 2001.

D. Aigner et al., "Formulation and Estimation of Stochastic Frontier Production Functions Models", *Journal of Econometrics*, No. 1, 1977.

Dale W. Jorgenson, "Capital Theory and Investment Behavior", *American Economic Review*, Vol. 53, 1963.

Dale W. Jorgenson, Z. Griliches, "The Explanation of Productivity Change", *The Review of Economic Studies*, Vol. 34, No. 3, 1967.

D. L. Bosworth, "The Rate of Obsolescence of Technical Knowledge: A Note", *Journal of Industrial Economics*, Vol. 26, No. 3, 1978.

Fang Cai, Yang Lu, "Take - off, Persistence, and Sustainability: The Demographic Factor in Chinese Growth", *Asia & the Pacific Policy Studies*, Vol. 3, No. 2, 2016.

18. Fare et al., "Productivity Growth, Technical Change, Efficiency Change in Industrialized Countries", *American Economic Review*, Vol. 84, No. 1, 1994.

12. Foster, J. Haltiwanger, C. Syverson, "Reallocation, Firm Turnover, and Efficiency: Selection on Productivity or Profitability?", *American Economic Review*, Vol. 98, No. 1, 2008.

G. C. Chow, "A Model of Chinese National Income Determination", *Journal of Political Economy*, Vol. 4, 1993.

G. E. Battese, *An Introduction to Efficiency and Productivity Analysis*, Second Edition, Boston: Springer, 2005.

G. E. Battese, G. S. Corra, "Estimation of a Production Frontier Model: With Application to the Pastoral Zone of Eastern Australia", *Australian Journal of Agricultural Economics*, No. 3, 1977.

G. E. Battese, T. J. Coelli, "A Model for Technical Inefficiency Effects in a Stochastic Production Frontier for Panel Data", *Empiri-*

cal Economics, Vol. 20, No. 2, 1995.

G. E. Battese, T. J. Coelli, "Frontier Production Function, Technical Efficiency and Panel Data: with Application to Paddy Farmers in India", *Journal of Productivity Analysis*, Vol. 3, No. 1/2, 1992.

G. Grossman, E. Helpman, "Quality Ladders in the Theory of Growth", *Review of Economic Studies*, Vol. 58, No. 1, 1991.

J. Fagerberg, "Technological Progress, Structural Change and Productivity Growth: A Comparative Study", *Structural Change and Economic Dynamics*, Vol. 11, No. 4, 2000.

J. J. Kruger, "The Global Trends of Total Factor Productivity: Evidence from the Nonparametric Malquist Index Approach", *Oxford Economic Papers*, Vol. 55, No. 2, 2003.

Léopold Simar, Paul W. Wilson, "A General Methodology for Bootstrapping in Non – parametric Frontier Models", *Journal of Applied Statistics*, Vol. 27, No. 6, 2000.

N. Mankiw, D. Romer, D. Weil, "A Contribution to the Empirics of Economic Growth", *The Quarterly Journal of Economics*, Vol. 107, No. 2, 1992.

P. Aghion, P. Howitt, "A Model of Growth Through Creative Destruction", *Econometrica*, Vol. 60, No. 2, 1992.

Robert M. Solow, "Technical Change and the Aggregate Production Function", *Review of Economics and Statistics*, Vol. 39, 1957.

Samuel B. Graves, Nan S. Langowitz, "R&D Productivity: A Global Multi – Industry Comparison", *Technological Forecasting & Social Change*, Vol. 53, No. 2, 1996.

S. N. Afriat, "Efficiency Estimation of Production Functions", *International Economic Review*, Vol. 13, No. 3, 1972.

Timothy J. Coelli et al., "Productivity growth in the Western Hemisphere (1978 – 1994): The Caribbean in Perspective", *Journal of Productivity Analysis*, Vol. 17, No. 3, 2002.

W. Meeusen et al., "Efficiency Estimation from Cobb – Douglas Production Functions with Composed Error", *International Economic Review*, Vol. 18, No. 2, 1977.

吴滨，经济学博士，中国社会科学院数量经济与技术经济研究所研究员，中国社会科学院大学教授、硕士生导师，中国技术经济学会副秘书长，主要研究领域：技术经济、技术创新、绿色发展。在《中国科技论坛》《技术经济》《经济日报》等刊物发表文章60余篇，独著和参与编著学术著作和研究报告20余部，承担国家级、省部级课题以及地方政府等委托项目数十项，先后参加循环经济、能耗双控、绿色技术创新、科技中长期规划等国家政策的研究和制定，多份报告获得党和国家领导的批示。

刘建翠，管理学博士，中国社会科学院数量经济与技术经济研究所副研究员，中国社会科学院大学副教授、硕士生导师，主要研究领域：技术创新、效率分析。在《技术经济》《经济与管理评论》《财经问题研究》等刊物发表论文30余篇，其中中国人民大学复印报刊资料全文转载一篇，独著和参与编著学术著作和研究报告30余部，承担、参与国家级、省部级课题以及地方政府等委托项目50余项，先后参与能耗双控、绿色技术创新等国家政策的研究。

朱承亮，博士后，中国社会科学院数量经济与技术经济研究所副研究员，中国社会科学院大学副教授、硕士生导师，兼任中国社会科学院项目评估与战略规划咨询研究中心秘书长、中国高技术产业发展促进会副秘书长、中国技术经济学会科技创新政策与评价专委会副秘书长、中国技术经济学会理事，研究领域为科技创新与经济发展，出版学术专著5部，在《中国工业经济》《数量经济技术经济研究》《中国软科学》等刊物发表学术论文80余篇，主持和参与国家级、省部级项目50余项，参与了《中国制造2025》、京津冀协同发展以及科技强国等国家重大战略咨询工作，撰写的内参要报获得国家领导人批示，多次获得中国社会科学院优秀对策信息奖。

高洪玮，经济学博士，中国社会科学院数量经济与技术经济研究所技术经济研究室助理研究员，主要研究领域为产业经济与技术创新。在《中国工业经济》《中国人口·资源与环境》《经济地理》《国际金融研究》等刊物发表论文十余篇，研究成果多次被国家级权威机构转载和引用，参与国家自然科学基金、国家社会科学基金等项目多项，曾获得第六届中国投资学年会优秀论文一等奖、“一带一路”金融合作的经济效应学术研讨会优秀论文奖、中国技术经济第二十六届学术年会优秀论文一等奖、2021年北京市优秀毕业生等奖励和荣誉。